Cornelia Nack

Wenn Eltern aus der Haut fahren

Cornelia Nack

Wenn Eltern aus der Haut fahren

Von der Unmöglichkeit, immer liebevoll, geduldig und ausgeglichen zu sein

Kösel

ISBN 3-466-30454-7
© 1998 by Kösel-Verlag GmbH & Co., München
Printed in Germany. Alle Rechte vorbehalten
Druck und Bindung: Ebner Ulm
Umschlag: Kaselow Design, München
Umschlagfoto: Bavaria/Masterfile

4 5 · 02 01 00

Gedruckt auf umweltfreundlich hergestelltem Werkdruckpapier
(säurefrei und chlorfrei gebleicht)

Inhalt

Vorwort   7

Von verlorenen Nerven und ausrutschenden Händen
*Was in unserem Gehirn geschieht, wenn uns Gefühle
überwältigen* 11

Junge Mütter – allein mit dem Kind 21

Überforderung – ein wachsendes Problem 39

Hohe Erwartungen, tiefe Enttäuschungen 63

Wenn die Vergangenheit Schatten wirft 83

Innere Distanz 103

Das schwierige Kapitel vom Grenzensetzen 125

Kampf um die Macht 139

Bestrafte Kinder 157

Empathie – das Talent, sich in Kinder einzufühlen 169

Konstruktives Streiten 177

Zeit für Kinder, Zeit für Eltern 187

Anmerkungen 197

Vorwort

Ach, könnten wir doch so sein wie die Väter und Mütter, die uns die Werbung tagtäglich präsentiert! Eltern, denen Scherben, zerrissene Hosen und verfleckte Hemden stets Anlass sind für tröstende Worte und herzliche Umarmungen. Bei denen der Anblick matschverkrusteter Turnschuhe auf dem Teppichboden nichts anderes auslöst als überschäumende Putzfreude. Nie schreit dort jemand, niemals knallen Türen – ganz anders als bei uns zu Hause, in der Wirklichkeit. Wir befinden uns manchmal schon am Rande der Selbstbeherrschung, wenn dem Kind nur im unpassendsten Moment ein Glas umkippt. Nach durchwachten Nächten und Stunden nervenzerrüttenden Kindergebrülls packt uns die Wut. Die Resultate von Forscherdrang und Zügellosigkeit unserer Sprösslinge können uns zur Weißglut bringen und auch um alle Vernunft.

Von Aggressionen gegen die eigenen Kinder überwältigt zu werden, ist eine Erfahrung, denen vor allem Mütter oft hilflos gegenüberstehen. Denn im Mythos von der »guten Mutter«, diesem Idealbild unerschütterlicher Sanftmut und Hingabe, haben Wut und unbeherrschte Reaktionen keinen Platz. Darüber hinaus haben viele Menschen nicht lernen dürfen, mit heftigen Gefühlen konstruktiv umzugehen, weil es ihnen schon als Kindern nicht erlaubt war, sie zu äußern. Ärger, Wut und Empörung, aber auch Emotionen wie Eifersucht, Neid oder Trauer mussten unterdrückt oder verborgen werden. Unterdrückte oder verleugnete Gefühle sind aber aus unserem Seelenleben keineswegs verschwunden, sondern summieren sich häufig zu einem Gefühlsstau, einem hochexplosiven Gemisch.

Es fällt schwer, sich selbst Rechenschaft abzulegen über das, was wir mit uns und unseren Kindern geschehen lassen, wenn uns die Wut gepackt hat. Wenn sie verraucht ist, stehen Eltern oft ratlos vor der Frage, wie es überhaupt geschehen konnte, dass sie wie ein Racheengel auf ihr Kind niederfuhren. Die Nerven? Eine schlechte Tagesform? Das Kind hat's herausgefordert? Nichts weiter als ein Ausrutscher? Das schlechte Gewissen lässt Mütter und Väter schnell zur Tagesordnung übergehen, und was sie da überfiel, verbergen sie auch vor Außenstehenden.

Kaum eine der Mütter aus meinem Freundinnen- und Bekanntenkreis hatte von sich aus den Mut, offen über die Momente zu sprechen, in denen sie die Kontrolle über sich verloren. Mir ist es nicht anders gegangen. Erst als sich eine Freundin zaghaft bei mir erkundigte, ob ich auch manchmal eine so unerklärlich heftige Wut empfände, wurde mir klar, dass auch andere Mütter mit diesem Phänomen zu kämpfen hatten. Hier lag auch der Anstoß dafür, nach Gründen und Hintergründen für elterliche Aggressionen zu suchen und nach Möglichkeiten, Emotionen und das eigene Verhalten besser zu lenken.

Die Ursachen für Aggressionen, die sich gegen Kinder richten, sind vielfältig. Sie können in den Belastungen, Beschränkungen und Zwängen unserer Lebensbedingungen liegen. Sie ergeben sich aus Verhaltensmustern und Beziehungsstrukturen in unserem familiären Miteinander, die nur schwer zu durchschauen sind und immer wieder dieselben Konflikte heraufbeschwören, ohne dass wir unseren eigenen Anteil daran erkennen können. Vieles hat mit unseren Kindheitserfahrungen zu tun. Aber auch ein Mangel an Erfahrung, Geduld und Einfühlungsvermögen in das Wesen von Kindern schlägt negativ zu Buche.

Wut ist ein wichtiger Wegweiser zu uns selbst, und wir tun gut daran, ihre Botschaft wahrzunehmen. Sie kann uns auf die Spur einer Vielzahl von Emotionen lenken, die wir im Alltag oft so gründlich beiseite schieben, die aber unser Handeln maßgeblich beeinflussen: Enttäuschung, Ablehnung, Angst, Gefühle der Ohnmacht, Hilflosigkeit und Unzulänglichkeit, um nur einige zu nennen. Das erfordert Mut. Denn es bedeutet, sich unangenehmen, manchmal bedrohlichen Gefühlen zu stellen und sich mit den Motiven zu beschäftigen, die unser Verhalten gegenüber Kindern bestimmen.

Ich möchte Eltern mit diesem Buch Anstöße geben, sich mit sich selbst auseinander zu setzen und neue Konfliktlösungen im Umgang mit Kindern zu suchen. Dazu gehört auch das Wissen um psychologische Zusammenhänge, ohne das wir uns und viele Ereignisse im Familienleben oft nicht verstehen können. Der Lohn dieser Beschäftigung mit unseren »Schattenseiten« besteht in einem Zugewinn an Handlungsspielraum, an selbst-bewusstem Handeln im eigentlichen Wortsinn. Aggression muss nicht länger eine Macht sein, nach deren Pfeife wir tanzen, und wir bekommen mehr von dem, was wir uns häufig wünschen: Gelassenheit.

Von verlorenen Nerven und ausrutschenden Händen

Was in unserem Gehirn geschieht, wenn uns Gefühle überwältigen

Während einer Reise durch Indien besuchte ich zusammen mit einem Freund eine Stadt, die bekannt ist für den Handel mit Edelsteinen und für Kaufleute mit einer überaus resoluten Verkaufspolitik. Tatsächlich zeigte sich, dass die Warnungen anderer Reisender nicht aus der Luft gegriffen waren: Überall warteten Schlepper auf Touristen, um sie wortreich zum Besuch einer der zahllosen Verkaufsstätten zu bewegen. Kein Taxifahrer, der nicht mit seiner arglosen Kundschaft bei drei oder vier unerhört günstigen Einkaufsquellen Station machte, bevor er endlich bereit war, das Fahrtziel anzusteuern. Dankbar nahmen wir deshalb das Angebot eines netten jungen Mannes an, der uns alle Sehenswürdigkeiten zeigen und zugleich alle Plagegeister vom Hals halten wollte.

Als es schließlich Zeit war, sich von ihm zu verabschieden, lehnte er entschieden jede Bezahlung ab und lud uns auf ein Glas Tee in sein Elternhaus gleich um die Ecke ein – ein Wunsch, der sich kaum abschlagen ließ. Am oberen Ende einer engen Treppe erreichten wir die gute Stube der Familie. Überall auf dem Boden lagen hier Häufchen von Edelsteinen aller Farben, säuberlich auf Seidenpapier, dazwischen der Hausherr im Verkaufsgespräch mit drei Rucksackreisenden. Noch bevor wir den nunmehr unmissverständlichen Hintergrund dieser Teestunde verdauen konnten, wurden wir – nur für einen Moment! – hinaus auf einen Balkon komplimentiert, dessen hölzerne Tür sich hinter unserem selbstlosen Stadtführer schloss. Hier draußen verrann die Zeit – mehr als genug, um etliche Liter Teewasser zum Kochen zu bringen. Die Minuten wurden zu Viertelstunden, ohne dass etwas geschah.

Während mein Freund gelassen blieb und zur Geduld mahnte, stieg in mir immer deutlicher Beklemmung empor. Das Gefühl des Eingesperrtseins, des Gefangenseins beflügelte meine Phantasie und ließ mich unwillkürlich nach Fluchtmöglichkeiten Ausschau halten: Unter dem Balkon spannte sich die Markise eines Gemüseladens, hier konnte man zur Not ohne Knochenbrüche entkommen. Endlich bewegte sich etwas. Leise wurden nun auch die Läden von zwei auf den Balkon hinausweisenden Fenstern geschlossen. Dieser harmlose Vorgang ließ in mir eine Stichflamme der Angst auflodern. In kopfloser Panik stürzte ich in das Haus hinein, vorbei an den erstaunten Gesichtern der Anwesenden, die Treppe hinab und auf die Straße hinaus, wo mich der Anblick friedlicher Passanten mit unsagbarer Erleichterung erfüllte.

Der überstürzten Flucht aus dem Haus des Edelsteinhändlers war ein kompliziertes Zusammenspiel verschiedener Denk- und Gefühlsabteilungen meines Gehirns vorausgegangen, bis schließlich ein einflussreiches Suborgan die Führung übernahm und zum sofortigen Handeln zwang: das limbische System. Dieses ringförmige Gebilde (lat. limbus = Ring) oberhalb des Stammhirns spielt eine zentrale Rolle bei der Regulation unserer Gefühle. Eintreffende Informationen der Sinnesorgane lösen hier emotionale Impulse aus. Diese Impulse fließen an andere Teilbereiche des Gehirns und führen zu einer bestimmten, an die jeweilige Emotion gebundenen Handlungsbereitschaft.

Die Abteilungen unseres rationalen Denkens, mit deren Hilfe wir analysieren, abwägen, planen und Ideen entwickeln können, arbeiten mit den Gefühlszentren stets Hand in Hand. Gedanken und Gefühle durchdringen und beeinflussen sich fortwährend, auch wenn uns viele leise Dialoge dieser Zwiesprache von Ratio und Emotion gar nicht bewusst werden. Die enorme Anzahl der neuronalen Verbindungen zwischen limbischem System und Groß-hirnrinde, über die das menschliche Gehirn nach Jahrmillionen seiner Entwicklung verfügt, ermöglichen uns eine große Bandbreite von Reaktionsmöglichkeiten und eine reiche Nuancierung unseres Gefühlslebens.

In Ausnahme- und Gefahrensituationen reißt das limbische System jedoch die Herrschaft an sich und stellt die anderen Bereiche des Gehirns unter seine Befehlsgewalt. Es löst eine Woge von Hormonen aus, die als Krisenbotschaft an alle Zentren des Gehirns geschickt wird und den Körper in einen allgemeinen Alarmzustand versetzt. Je bedrohlicher die äußere Situation, desto stärker reagieren die Nervenzellen des limbischen Systems und desto intensiver wird das Gefühl, das uns zum Handeln treibt. Zugleich verliert unser rationales Denken an Einfluss – eine für das Überleben segensreiche Einrichtung, weil längeres Nachdenken entscheidende Sekunden kosten, schnelles Reagieren aber Rettung aus der Gefahr bedeuten kann. Das limbische System veranlasst uns mit heftigen, primitiven Emotionen zur Tat, längst bevor die Großhirnrinde ihre Überlegun-gen abgeschlossen hat.

Angst ist eines dieser zentralen Gefühle, die sich in der Evolution immer wieder von enormem Nutzen erwiesen haben, wenn es darum ging, heil aus der Bredouille zu kommen. Eng mit ihr verknüpft ist ein anderer machtvoller Retter in der Not: die Ag-gression. Sie ermöglicht zwei Reaktionsweisen, die seit Urzeiten zu unserer Überlebens-Grundausrüstung gehören – Flucht und Kampf. Diese biologischen Grundmuster unseres Gefühlslebens funktionieren noch immer so reibungslos wie zu Zeiten, als sich unsere prähistorischen Vorfahren mit Großkatzen und Bären he-rumschlagen mussten. Der Übereifer, mit dem das limbische System häufig – in guter Absicht – unsere Angelegenheiten in seine Hände nimmt, erweist sich jedoch manchmal als wenig hilfreich für den Menschen der Gegenwart, der in ein hoch komplexes Sozialgefüge eingebunden ist.

»... allzu oft gehen wir an Probleme der Postmoderne mit einem emotionalen Repertoire heran, das auf die Bedürfnisse des Pleisto-zäns zugeschnitten war«,[1] so der amerikanische Psychologe Daniel

Goleman, der die neueren wissenschaftlichen Erkenntnisse über unsere Gefühle zusammengetragen hat. Wenig nützt uns eine limbische Fluchtanweisung, die uns auch noch am klaren Denken hindert, wenn wir vor einer Prüfungskommission ausharren und Rede und Antwort stehen müssen. Und ebenso wenig können uns aggressive Übergriffe bei der Lösung unserer zwischenmenschlichen Konflikte helfen.

Der Psychologe Dolf Zillmann von der Universität von Alabama hat in vielen Experimenten den Zorn und die Anatomie der Wut genau vermessen. Ein universaler Auslöser für den Zorn, so Zillmann, ist das Gefühl, gefährdet zu sein. Aber ein »Gefährdungssignal kann nicht bloß von einer direkten körperlichen Bedrohung ausgehen, sondern auch – und das ist häufiger der Fall – von einer symbolischen Bedrohung der Selbstachtung oder der Würde«[2]: wenn man ungerecht oder schroff behandelt wird, wenn man beleidigt oder zurückgewiesen wird, wenn die Verfolgung eines wichtigen Ziels vereitelt wird oder wenn man einer Situation nicht mehr gewachsen ist, ihr hilflos gegenübersteht. Diese Wahrnehmungen – mit denen auch Eltern in vielen Situationen mit Kindern konfrontiert sind – lösen im limbischen System eine Aufwallung aus, die auf das Gehirn in zweifacher Weise einwirkt.

Zum einen werden Stresshormone ausgeschüttet, die für einen starken Kräftestoß sorgen. Dieser Kräftestoß bleibt einige Minuten wirksam und soll uns in die Lage versetzen, uns zu wehren oder zu flüchten, je nachdem, wie das emotionale Gehirn den Gegner einschätzt. Zum anderen sorgt eine zweite Woge durch eine andere Nervenbahn für eine allgemeine Handlungsbereitschaft, die viel länger anhält als der erste Kräftestoß. Diese Erregung kann Stunden, ja Tage andauern, und auf ihr können sich weitere Reaktionen rasch aufbauen. Sie ist die Erklärung dafür, dass Menschen eher zu wütenden Reaktionen neigen, wenn sie sich in einer vorangegangenen Situation geärgert haben, sich behindert oder nicht ernst genommen fühlten.

Stress jeder Art ist ein weiterer Faktor dieses anhaltenden Erregungszustandes. Die einzelnen stressauslösenden Anlässe sind nicht stark genug, eine heftige Kampf-oder-Flucht-Reaktion zu bewirken. Sie erzeugen aber eine ständige Aggressionsbereitschaft und Gereiztheit. Jeder neue zornerregende Gedanke oder Vorfall löst eine weitere kleine Ausschüttung von Stresshormonen aus, die die hormonale Wucht der vorherigen Ausschüttungen verstärkt. »In diesem sich aufschaukelnden Prozeß löst ein Gedanke, der später auftaucht, einen weit heftigeren Zorn aus als einer, der zu Anfang auftaucht«, schreibt Daniel Goleman. »Zorn nährt Zorn, das emotionale Gehirn erhitzt sich. Durch keine Vernunft mehr gefesselt, kann Zorn jetzt leicht in Gewalt ausarten.«[3]

Zahllos sind die Beispiele, die uns das Alltagsleben für Abläufe dieser Art liefert. Und die Geschichten, die Väter und Mütter über solche neuronalen Entgleisungen erzählen können, würden viele Bände füllen. Wenn uns mal wieder der Zeitdruck im Griff hat oder uns Sorgen belasten, wenn unliebsame Zeitgenossen uns frustrieren oder ein anstrengender Arbeitstag hinter uns liegt, sind die Weichen dafür bereits gestellt. Laute, widerspenstige und quengelige Kinder bringen uns dann im Eiltempo der Nervenzerreißprobe näher. Jetzt braucht ihnen nur noch ein kleiner Fehler zu unterlaufen, schon verwandeln wir uns in keifende, schreiende Ungeheuer, die womöglich auch noch Schläge austeilen – und denen wir selber lieber nicht begegnen möchten.

Viel hängt bei unserem Umgang mit Aggressionen von den Erfahrungen unserer ersten Lebensjahre ab, die als mächtige Erinnerungen in den emotionalen Zentren gespeichert sind. Was immer wir irgendwann einmal gelernt haben, es hat in unserem Gehirn sichtbare Spuren hinterlassen, indem sich Nervenzellen über Nervenbahnen miteinander verknüpften – nicht nur beim kleinen Einmaleins und bei unregelmäßigen englischen Verben, sondern auch bei den zahllosen Lektionen sozialen Lernens, die unser emotionales Gehirn zu verarbeiten hat.

In den ersten Lebensmonaten und -jahren sind die emotionalen Erfahrungen von besonderer Bedeutung für unser Gefühlsleben. Sie stellen bleibende Verknüpfungen in den Schaltungen unseres emotionalen Gehirns her. Je traumatischer diese Erfahrungen sind oder je häufiger sich eine bestimmte Erfahrung wiederholt, desto fester wird das dazugehörige Gefühl im limbischen System verankert. Und desto leichter wird es immer wieder bei Ereignissen mit ähnlichen Merkmalen aktiviert – die neurophysiologischen Forschungsergebnisse bestätigen hier in eindrucksvoller Weise die Erkenntnisse der Psychoanalyse über die prägende Wirkung von Kindheitserlebnissen.

Der Gefühlsgehalt dessen, was Kinder an Verlässlichkeit, Einfühlung, Sicherheit und Unterstützung einerseits, an Trennung, Ablehnung, Vernachlässigung oder Gewalt andererseits erfahren, prägt emotionale Gewohnheiten: Viele angstbesetzte Erfahrungen etwa verleiten das limbische System leichter dazu, den Alarmzustand auszurufen und intensive Kampf-oder-Flucht-Reaktionen auszulösen. Bei Kindern, deren Eltern mit ihnen über ihre Gefühle sprechen, die ihnen beim Umgang mit Furcht, Aggression oder Traurigkeit verständnisvoll den Weg weisen, wird auch das Gefühlsrepertoire anders gefärbt sein als bei Kindern, die in dieser wichtigen Zeit viele negative Erfahrungen bewältigen müssen.

»Die massive Formung und Auslese der neuralen Schaltungen in der Kindheit dürfte der tiefere Grund dafür sein, daß frühe emotionale Leiden und Traumata sich im Erwachsenenleben so nachhaltig und in allen Bereichen auswirken«,[4] so Goleman. »Erinnern wir uns, daß gerade dann, wenn die Leidenschaften hohe Wellen schlagen oder eine Krise unmittelbar bevorsteht, die primitiven Neigungen der limbischen Hirnzentren in den Vordergrund treten. In solchen Momenten setzen sich im Guten wie im Bösen die Gewohnheiten durch, die das emotionale Gehirn gelernt hat.«[5] Hier liegt ein weiterer Schlüssel zum Verständnis vieler überbordender, unangemessener Affekthandlungen, wenn Menschen in Belastungssituationen aus der Haut fahren.

Das menschliche Gehirn ist jedoch ein plastisches, formbares Organ: Eine seiner erstaunlichen Fähigkeiten besteht darin, dass es sich ständig neuen Einflüssen anpassen kann. Neuronale Verbindungen erstarken oder verkümmern, bilden sich neu oder stellen ihre Funktion ganz ein, je nachdem, ob und wie sie genutzt werden. Dies ist die Voraussetzung für lebenslanges Lernen – wir können »umdenken«, auch im emotionalen Bereich.

Jedes Gefühl hat im seelischen Haushalt seinen berechtigten Platz, seinen eigenen Wert. Aggression ist ein unverzichtbarer Bestandteil unserer Psyche. Ohne sie wäre niemand in der Lage, seine Belange zu vertreten, wir hätten kein Selbstbehauptungs- und Durchsetzungsvermögen und könnten uns nicht gegen andere abgrenzen. Nicht einmal die Ablösung des Kindes von seinen Eltern wäre ohne sie möglich. Erst ihre destruktive, vernichtende, sozial schädliche Seite macht sie nach unseren Wertmaßstäben zu einer »negativen« Emotion.

Wut, so zeigen psychologische Untersuchungen, ist von allen »negativen« Emotionen diejenige, die die Menschen am schlechtesten unter Kontrolle bringen. Sie wirkt – anders als Traurigkeit – anspornend und besitzt eine »verlockende, verführerische Macht«[6]. Das ungezügelte Ausleben von Aggressionen – vor allem gegenüber Schwächeren – ist jedoch in allen funktionierenden menschlichen Gemeinschaften mit einem Verbot belegt. Äußere Gewalten wie Polizei und Justiz, aber auch seelische Instanzen müssen deshalb dafür sorgen, die zerstörerischen Kräfte in uns zu bändigen.

Wenn Eltern der Verführung der Wut dennoch nachgegeben haben, entsteht eine ganz neue emotionale Situation: Das Feuer des Zorns ist verraucht, und an die Stelle der Leidenschaft treten Schuldgefühle, weil wir versagt haben – gegenüber Schutzbefohlenen, gegenüber den eigenen moralischen Ansprüchen, unserem Selbstbild vom »guten« Menschen. Zu ihrer Rechtfertigung plädieren Mütter und Väter dann gerne auf mangelnde Zurechnungsfähigkeit: Wie von fremden Mächten wurden sie von ihren Gefühlen »überwältigt«, so dass sie »ausgerastet« sind und nicht mehr »bei sich« waren, sondern »außer sich«. Bevor ihnen die Hand »ausrutschte«, haben sie einfach ihre »Nerven verloren« und den Kopf gleich dazu.

Die Funktionsweise unseres Gehirns legt in der Tat fest, dass wir sehr wenig Einfluss darauf haben, wann uns eine Emotion erfasst und welcher Art sie ist: Wir können ihr Auftreten nicht verhindern. Sehr wohl haben wir aber die Möglichkeit einzugreifen, bevor Gefühle uns über den Kopf wachsen wie der Geist aus der Flasche. Um unsere Aggressionen für andere erträglich auszuleben, müssen wir uns Handlungsspielräume sichern, bevor die Gefühle uns das Handeln abnehmen. Je früher man in den Zornzyklus eingreift, desto leichter gelingt es, »Herr im eigenen Hause« zu bleiben. Die Voraussetzung dafür ist, Gefühle frühzeitig wahrzunehmen. Es ist schon sonderbar, wie beharrlich wir all die gedämpften Töne überhören, die uns die emotionalen Zentren den ganzen Tag deutlich hörbar zuflüstern. Im Alltagslärm haben wir nur noch Ohren für emotionale Botschaften mit der Intensität von Marschmusik. Die ganze Palette unangenehmer, bedrückender, trübsinniger oder zorniger Stimmungen und Gefühlswallungen – wir ignorieren sie, schieben sie beiseite, verdrängen sie, decken sie mit Betriebsamkeit zu.

Die Fähigkeit, Gefühle bewusst und kritisch zu registrieren, ist aber entscheidend für das Verstehen unserer selbst. Wer die eigenen Gefühle nicht kennt, ist ihnen unterworfen. Viele wichtige Nachrichten über unsere Befindlichkeit gehen uns durch solche Unkenntnis verloren. Viele Chancen werden dadurch vertan, Emotionen zu unser aller Vorteil zu nutzen. Menschen, die ihren Gefühlen bewusst wieder Aufmerksamkeit schenken, werden schon nach kurzer Zeit eine Fülle von »kleinen« Gefühlen entdecken, die sich zunächst ganz unspektakulär in Szene setzen, aber unsere emotionale Gesamtsituation deutlich in die eine oder andere Richtung lenken können.

Eine erstaunliche Anzahl dieser Gefühlswallungen gehört auf die Negativ-Liste, die man bei sich selbst nicht gern wahrhaben möchte: eifersüchtig zu sein oder missgünstig, gekränkt, enttäuscht, herausgefordert, zurückgewiesen, missachtet. Solche Gefühle mit einem sachlichen »Aha!« zur Kenntnis zu nehmen, bedeutet bereits, ihrem subversiven Treiben im Untergrund einen Riegel vorzuschieben, sie unserem Einfluss zugänglich zu machen.

Aufmerksam in sich hineinzuhorchen – von hier ist es nur ein weiterer Schritt, um den tatsächlichen Gründen, den versteckten Motiven auf die Spur zu kommen, die für aufkeimenden Ärger und quellende Wut häufig verantwortlich sind. Diese Gründe sind in vielen Fällen – vielleicht sogar in den meisten – nicht bei denen zu suchen, die wir dann später anschnauzen, niederbrüllen, herumschubsen, an den Schultern packen und schütteln werden, wenn eins zum andern gekommen ist. Eine ehrliche Motivforschung –

die auch den Mut hat, die eigene Person im richtigen Licht zu sehen – hilft, Ärger und Wut nicht an Ersatzobjekten auszulassen, zu denen sich Kinder hervorragend eignen. Wer sich eingestehen kann, dass seine gereizte Stimmung auf die teure, unerwartete Autoreparatur zurückzuführen ist und darauf, dass der Kinobesuch heute Abend ausfallen muss und gerade der Lieblings-Kaffeebecher aus eigener Unachtsamkeit zu Bruch ging, wird weniger leicht seinen Frust bei anderen abladen als jemand, der sich geradewegs in die Stimmungslage »allein gegen alle« hineingearbeitet hat.

Eine weitere Möglichkeit, den sich aufschaukelnden Zornzyklus zu durchbrechen, besteht darin, die Wut auslösenden Gedanken in Frage zu stellen und dem Geschehen eine positive Deutung zu geben. Rüpel im Straßenverkehr, Vordrängler an der Wursttheke, Egoisten in der Nachbarschaft – das Leben bietet reichlich Gelegenheit, sich in Wut über Mitmenschen hineinzusteigern. Aber wir können entscheiden, ob wir dem Zorn weitere Nahrung geben und Rechtfertigungen fürs Zornigsein finden oder ob wir den Auslösern unserer Wut mit Nachsicht zu begegnen versuchen und bereit sind, die Vorgänge in einem neuen, deeskalierenden Licht zu betrachten.

Ich wüsste keinen anderen Lebensbereich zu nennen, in dem die Gelegenheiten zur Eskalation von »negativen« Gefühlen bis zu ihrer Unbeherrschbarkeit so üppig gestreut sind wie im Zusammenleben mit Kindern in ihren ersten Lebensjahren. Der Tropfen, der manches Fass in dieser Zeit zum Überlaufen bringt, bildet sich nicht zuletzt auch aus unserer Neigung, wutfördernden statt wutverringernden Gedanken Raum zu geben, zum Beispiel, indem wir Kindern eher böse als gute Absichten unterstellen.

Außer dem Infragestellen zornauslösender Gedanken sind auch körperliche Bewegung, konzentriertes Ein- und Ausatmen, Muskelentspannung und Ablenkung wirksame Strategien, aus einer aggressionsgeladenen Situation herauszutreten. Diese Methoden haben die Funktion eines »Fensters«, durch das man in den Zornzyklus eingreifen und ein Überschießen der Wut verhindern kann – nicht indem man negative Emotionen hinunterschluckt und so zielsicher auf einen Konfliktstau und neuerliche Explosionen zusteuert, sondern indem man sich bewusst solcher Hilfsmittel bedient, um ein hohes Erregungsniveau abzusenken: die Scherben, den zerschnittenen Pullover liegen lassen und (mit dem Kind) einen Spaziergang machen oder sich für einige Minuten zur Selbstberuhigung ins Badezimmer zurückziehen. Damit wird der Kopf wieder frei für konstruktives Verhalten, wenn es darum geht, berechtigten Ärger verständlich zu machen, eigenen Standpunkten sachlich Gehör zu verschaffen, Gegenargumenten zuzuhören und sich in andere hineinzuversetzen, kurzum: produktiv zu streiten, anstatt andere mit einem Wutanfall zu überfahren.

Junge Mütter –
allein mit dem Kind

Die Geburt des ersten Kindes ist für alle Paare ein wichtiger Lebenseinschnitt, ein Umbruch. Vater und Mutter zu sein, bedeutet Abschied zu nehmen von vielen Freizügigkeiten in der Lebensgestaltung junger Erwachsener, heißt Verantwortung zu übernehmen in einer bisher unbekannten Dimension und Eintritt in eine andere Generation.

Die Bedingungen, unter denen Eltern – und hier vor allem Mütter – den neuen Lebensabschnitt betreten, unterscheiden sich in den westlichen Industrieländern ganz erheblich von denen vieler anderer Sozialgemeinschaften dieser Welt, den Agrarländern mit landwirtschaftlicher Wirtschaftsstruktur. Hier verstehen die Menschen unter dem Begriff Familie etwas ganz anderes als wir: Familie – das sind dort zumeist mehrere Generationen unter einem Dach. Nahe und entfernte Verwandte, Nachbarn und Bekannte tauchen häufig und ganz selbstverständlich unangemeldet auf und nehmen regen Anteil am Tun und Lassen des Einzelnen. Privatsphäre – das ist eine Sache, die Mentalitäten, Traditionen und nicht zuletzt die räumlichen Verhältnisse nur in geringem Maße zulassen. Familienleben findet zu großen Teilen in der Öffentlichkeit statt, und viele Alltagspflichten erledigen die Frauen gemeinsam, sei es Waschen am örtlichen Waschplatz oder Kochen im Kochhaus.

Junge Mütter in Afrika oder Indien kommen mit ihrem Kind in eine große Gemeinschaft, in der stets andere da sind, sie zu unterstützen, zu entlasten, Verantwortung zu übernehmen und auch über das Wohlergehen des Kindes zu wachen. Sofern dies überhaupt nötig ist: Pflege und Umgang mit Säuglingen und Kleinkindern ist für niemanden ein Buch mit sieben Siegeln, der mit vielen Geschwistern aufgewachsen ist und schon von Kindheit an mit Versorgungs- und Hütepflichten betraut wurde.

Von solchen Startbedingungen für junge Familien trennen die Menschen in Mitteleuropa Welten. Erziehungsprogramme und Lebensperspektiven von Mädchen haben sich hier denen ihrer männlichen Altersgenossen in wesentlichen Bereichen angeglichen. Nie zuvor waren junge Frauen besser ausgebildet, nie zuvor konnten sie die Weichen für Berufstätigkeit, finanzielle Unabhängigkeit und Freizeitgestaltung in solchem Maß selbst stellen. Bevor sie die Mutterrolle übernehmen, können sie sich beruflich und privat in zahlreichen anderen Rollen erproben. Mutter zu sein, ist eine von vielen Möglichkeiten geworden, dem Leben Inhalt zu geben. Ob und wann diese Möglichkeit realisiert wird, ist weitgehend in das eigene Ermessen gestellt.

Aber wohl auf keine Lebensaufgabe sind Frauen und Männer bei uns so schlecht vorbereitet wie auf die Elternschaft. Vor 100 Jahren war der Zeitraum, in dem Eltern Kinder aufzogen, noch erheblich länger. Pflege und Versorgung des Nachwuchses umfassten häufig die Hälfte des gesamten Lebens. Inzwischen macht diese Phase durchschnittlich nur noch ein Viertel der Lebenszeit aus, denn die Lebenserwartung ist gestiegen, die Zahl der Kinder pro Familie gesunken. Heute wächst bereits ein Drittel aller Kinder ohne Geschwister auf, Deutschland liegt damit im internationalen Vergleich an der Spitze.

Die Folge: In den letzten Jahrzehnten wurden die Gelegenheiten immer seltener, bei der Versorgung von Geschwistern und anderen kleinen Kindern mitzuhelfen. Junge Eltern treten später ihre Rolle ganz auf sich gestellt an, ohne Erfahrung und überliefertes Wissen. »In der modernen westlichen Industriegesellschaft ist es nicht selten, daß eine werdende Mutter noch nie im Leben ein Neugeborenes angefaßt oder auch nur zu Gesicht bekommen hat«,[7] so die Geburtsvorbereiterin Sheila Kitzinger. Umso einschneidender ist deshalb die Umstellung für denjenigen Elternteil, der die Versorgung des Kindes übernimmt – fast immer ist dies noch die Mutter. Psychologen sprechen hier nicht mehr nur von einem Wendepunkt, sondern von »Biographiewechsel« und »Lebenskrise«.

In der kleinen Gemeinschaft von Mutter, Vater und Kind macht sich nun häufig bemerkbar, wie weitmaschig das Netz sozialer Beziehungen geworden ist. Familienbeziehungen sind vielfach unverbindlicher geworden: Mit der Geborgenheit und Lastenverteilung, die das Leben in der Mehr-Generationen-Familie bietet, geht auch stets eine größere Kontrolle einher, die als Einmischung und Beschneidung individueller Freiheit empfunden und von den jungen Generationen zunehmend abgelehnt wird. Die Kontakte zu Eltern, Verwandten und Freunden werden aber auch dadurch erschwert, dass Menschen heute immer mobiler sein müssen. Wohnungs- und Arbeitsplatzsuche lassen die Mitglieder einer Familie in verschiedene Stadtteile, wenn nicht gar über Hunderte von Kilometern auseinander driften.

Immer mehr Menschen, betont die Familiensoziologin Elisabeth Beck-Gernsheim, leben in Neubausiedlungen, »wo es keine gewachsenen Sozialkontakte gibt und wo die Art der Architektur die Bildung neuer Kontakte mehr hindert als fördert. Statt Waschhaus, Markt und dem kleinen Laden an der Ecke gibt es die private Waschmaschine, den unpersönlichen Supermarkt oder die anonyme Billigladenkette am Stadtrand ... Die Bereiche einer speziellen ›weiblichen Öffentlichkeit‹, die es einst gab, sind immer weiter verschwunden. Der Haushalt, einst Zentrum des sozialen Lebens, ist zu einem Ort sozialer Isolation geworden.«[8]

Waren in den ersten Tagen und Wochen nach der Entbindung meistens noch Helfer da, um die Mutter bei der Eingewöhnung in die neue Situation zu unterstützen, so kehren diese alsbald in ihre gewohnten Alltagswelten zurück, der Mann verlässt allmorgendlich das Haus und die Mutter bleibt mit ihrem Kind und der Verantwortung für sein Gedeihen zurück. Einer Verantwortung, die, so Elisabeth Beck-Gernsheim, »vielfach zur Überforderung der Mutter führt und dann wesentliche ihrer Lebensbedürfnisse zurückdrängt«[9].

Die gewohnten Freiräume haben sich mit der Ankunft des Babys auf die Größe der Wohnung zusammengeschoben, und am öffentlichen Leben lässt sich eher nur noch als Zaungast teilnehmen. Das Umsorgen des Kindes nimmt den größten Teil des Tages in Anspruch, von dem viele Stunden ohne Kontakt und Austausch mit anderen Erwachsenen vergehen. Geschlafen wird portionsweise, ein nicht unerheblicher Teil der Nacht vergeht mit schlaftrunkenen Wanderungen zwischen Sofa und Fernseher, bis das »Bäuerchen« endlich getan ist. Rund um die Uhr stehen die Bedürfnisse des Säuglings im Vordergrund. Der Haushalt liegt brach, dreckige Wäsche türmt sich ebenso wie das Geschirr. Wer hätte geahnt, dass ein Baby einen bis zum Umfallen auf Trab halten kann? »Ein Kind fordert unter den heutigen Bedingungen der Kleinfamilie so viel, daß ein einziger Mensch das praktisch nicht schafft«, so der Hamburger Sozialpädagoge Stefan Kaven. »Früher war die Kernfamilie eingebunden in die Großfamilie. Heute ist die Mutter mit dem Kind allein.«[10]

Erledigungen, die früher mal eben nebenbei abgehandelt wurden, erfordern jetzt vorausschauende Organisation. Die kleine Handtasche von einst hat sich in ein voluminöses Gepäckstück verwandelt, aus der die Basisausrüstung »für alle Fälle« quillt. Jede größere Unternehmung bekommt Expeditionscharakter. Ein Einkaufstag in der Innenstadt entwickelt ungeahnt abenteuerliche Seiten – vor allem, wenn man auf öffentliche Verkehrsmittel angewiesen ist. Für den unvermeidlichen Windelwechsel haben die Kaufhäuser immerhin ein Eckchen eingerichtet, wenngleich im vierten Stock. Dort, auf dem Kundenklo, lässt sich auch das Stillen erledigen.

Die Anforderungen dieser neuen und fremden Aufgabe erschöpfen Körper und Geist. Psychologen sehen hier eine der Ursachen für Depressionen und Zorn. Vor allem in den ersten Monaten, wo Babys die Eltern oft Tag und Nacht fordern, müssen viele Frauen mit einer Enttäuschung fertig werden: Nicht nur das Kind entspricht nicht ihren Erwartungen, auch sie selbst entsprechen nicht dem Bild der ausgeglichenen Mutter, die alles im Griff hat. Überlastung und Enttäuschung können leicht umschlagen in Wut auf das Kind. So beglückend und unvergleichlich innig die Momente sind, die diese erste Zeit mit dem Kind bereithält, so bestürzend sind die Gefühle, mit denen sich Mütter an anderen, schwarzen Tagen herumschlagen. Denn wer kann schon wütend sein auf ein hilfloses Kind, das nichts so sehr braucht wie liebevolle Zuwendung! Der Spagat zwischen Anspruch und Wirklichkeit entfaltet vor allem dann seine Wirkung, wenn zu den normalen Anforderungen besondere Belastungen hinzukommen: wenn das Baby viel kränkelt, wenn es seine Milch immer wieder erbricht, nicht schlafen will oder ohne erkennbaren Anlass Stunde um Stunde schreit.

»Exzessives Säuglingsschreien ist in vielen Familien ein häufiges, fast schon alltägliches Problem«, heißt es in einer »Schreikinder«-Studie der Hamburger Sozialbehörde. Etwa 10 bis 20 Prozent der Eltern berichten über belastende Schreiprobleme ihrer Babys vor allem in den ersten Lebensmonaten. Durchschnittlich zwei Stunden pro Tag äußern Säuglinge normalerweise lauthals ihren Unmut, bei »Schreikindern« beträgt diese Phase bis zu sechs Stunden. Kinderpsychologen vermuten, dass exzessiv schreiende Säuglinge weniger Selbstregulationsfähigkeiten besitzen als andere und deshalb mehr Unterstützung brauchen, zum Beispiel beim Einschlafen.[11] Eltern suchen in ihrer Ratlosigkeit und Verzweiflung oft Zuflucht bei einer ganzen Reihe von Maßnahmen, die in rascher Folge angewendet werden: Sie tragen das Baby herum, füttern es, fahren es im Kinderwagen oder im Auto spazieren, versuchen es durch Schaukeln oder Gymnastik zu beruhigen – oft ohne Erfolg.

Diese Situationen, betont der Berliner Psychoanalytiker Horst Petri, führen gehäuft zu aggressiven Konflikten: »Das oftmals nicht zu beruhigende Schreien und Weinen des Säuglings als Signal für Unlustspannungen oder für körperlichen wie seelischen Schmerz löst bei den Eltern intensive Gefühle der Verunsicherung, Hilflosigkeit, Angst, Ohnmacht, Versagen und Schuld aus. Das Schreien ist also nicht in erster Linie eine unerträgliche und die Gewalt provozierende akustische Belästigung, wie häufig gemeint wird. Vielmehr wird es von den Eltern oft als aggressive Anklage erlebt.«[12]

Mütter erzählten in der Hamburger »Schreikinder«-Beratung, oft unter Tränen, von Schütteln, Anschreien und rauem Umgang mit dem Baby. Andere schlugen mit ihrem Kopf gegen die Wand oder bissen in ein Kissen, um mit den Aggressionen fertig zu werden, die das Säuglingsschreien in ihnen auslöste.[13]

Im Zusammenleben mit Baby und Kleinkind, für das die Mutter oft die einzige echte Bezugsperson ist, erhält ein weiterer Umstand besonderes Gewicht: Der Tagesablauf ist nicht mehr in der üblichen

Weise planbar, er wird in zahlreiche Abschnitte zerrissen. Vieles wird angefangen, kaum etwas kann in einem Zuge zu Ende gebracht werden. Über eine relativ lange Zeit, bis ins Kindergartenalter hinein, müssen Mütter unzählige Male auf die gewohnte Handlungsfolge Planen – Durchführen – Abschließen verzichten. Denn kaum sind Wäschekorb, Telefonhörer oder Geschirrtuch zur Hand genommen, verlangt das Baby sein Recht oder die Aktivitäten des Kleinkinds machen schnelles Eingreifen erforderlich.

All das Halbfertige, Liegengebliebene vermittelt nicht nur die frustrierende Erkenntnis, nichts mehr zu schaffen. Die vielen Unterbrechungen beeinträchtigen auch das seelische Abschließen einer Arbeit und stören immer wieder ein notwendiges Zu-sich-Kommen, Besinnen, Abschalten. Hier liegt die Ursache für viele Spannungssituationen. »Zum Auslöser werden dabei jene Augenblicke, wo die Mutter zwar physisch anwesend ist, aber innerlich abzuschalten versucht, um für sich selbst einen Zipfel Muße, Entspannung, Erholung zu finden«, schreibt die Soziologin Elisabeth Beck-Gernsheim. Müttern kommt es oft so vor, als gönne ihnen das Kind nicht die kleinste Atempause. Denn sobald es »eine derartige ›Abschweifung‹ spürt, da erhebt es Protest. Es inszeniert mit viel Einfallsreichtum und Geschick allerlei Übergriffe und Grenzüberschreitungen, eine Folge von kleinen Invasionen, deren Zweck eines ist: die Aufmerksamkeit der Mutter zurückzuholen.«[14]

Es ist verständlich, dass viele Frauen sich in dieser Zeit nicht ohne Neid mit denen vergleichen, die – nach geschafftem Tagespensum und mit Freizeit vor Augen – die Tür von Büro und Betrieb hinter sich zufallen lassen können. In der oft einsamen Zweisamkeit mit dem Kind fühlen sich viele, die für den Nachwuchs eine qualifizierte Arbeit aufgaben, wie vom Leben abgeschnitten. Mehr noch: Die große Beanspruchung, die mit der Kinderbetreuung in den ersten Jahren verbunden ist, geht paradoxerweise mit einer Unterforderung einher: Den Tagesablauf bestimmen jetzt viele »unqualifizierte« Tätigkeiten, die sich mit eintöniger Wiederkehr um ein Thema ranken, das – rundheraus gesagt – »Dreck wegmachen« lautet. Psychologen betonen, dass Mütter sich hier zum Ausgleich, wenn irgend möglich, einen Freiraum für eigene Interessen bewahren sollten, in dem sie für eine Weile aus der Mutterrolle schlüpfen und neue Kräfte tanken können.

Die Arbeit im eigenen Haushalt und das Aufziehen von Kindern ist auch gesellschaftlich gering geschätzt. Alle Aufwendungen für die nachwachsende Generation haben das Prädikat, Arbeit zu sein, verloren. Diese Aufwendungen sind zwar für die Gesellschaft von existenzieller Bedeutung, der Wert dieser Arbeit wird aber nicht über einen Marktpreis erfasst. Der Begriff »Arbeit« ist für uns jedoch untrennbar mit »Entlohnung« verbunden. Für die Familienarbeit gibt es daher keine entsprechende Anerkennung. Es ist schwer, sich diesem Urteil der Umwelt zu entziehen – sowohl wenn man selbst gerne Hausfrau und Mutter ist und nichts anderes sein möchte als auch, wenn Berufstätigkeit fest zum eigenen Lebensentwurf gehört.

Dass Frauen die Geburt des ersten Kindes im Vergleich zu früher durchschnittlich um drei bis vier Jahre verschoben haben und dass immer mehr berufstätige Frauen ganz auf Kinder verzichten, hängt eng mit dem deutlich gestiegenen Bedürfnis nach Berufstätigkeit zusammen. Versiegt diese Quelle, entsteht leicht ein Vakuum, für welches das Kind, wenn auch unbewusst, verantwortlich gemacht werden kann. Hier liegt ein nicht zu unterschätzender »Beschleuniger« von Aggressionen in Konfliktsituationen.

Der Erfahrungsmangel und die Unsicherheit vieler junger Eltern haben einen immer größer werdenden Informationsmarkt geschaffen. Viele Experten erhalten hier ein Forum, um neueste wissenschaftliche Erkenntnisse im Umgang mit neuen Erdenbürgern weiterzugeben. Die Hilfen, die Psychologie und Medizin auf diesem Wege sicherlich in bester Absicht anbieten, erweisen sich jedoch häufig als zweischneidiges Schwert: Mütter und Väter werden durch unrealistische, wechselnde und wachsende Ansprüche nur noch mehr verunsichert.

Ein Beispiel von vielen ist das eherne Gesetz der 50er-Jahre, Säuglinge vom ersten Lebenstag an nicht zu »verwöhnen« und sie keinesfalls außerhalb der festgesetzten Fütter- und Wickelzeiten aus ihrem Bett zu holen – mochten sie schreien, so viel sie wollten. Viele Mütter haben sich diesem Diktat unter seelischen Schmerzen gebeugt. In den 80er-Jahren hat sich diese Anweisung dann ins Gegenteil verkehrt: Das Kind möglichst Tag und Nacht und nah am Körper bei sich behalten, hieß jetzt die viel propagierte Devise. Erfahrungsberichte von Müttern zeigen, in welchem Maß solche Leitsätze großer, aber ferner Autoritäten Eltern be- statt entlasten. Immer häufiger ist daher in der letzten Zeit die Forderung nach mehr konkreter Hilfe für Eltern und einer besseren Vorbereitung auf die Zeit nach der Geburt des Kindes zu hören. Dies gilt auch für den Umgang mit den eigenen menschlichen Unzulänglichkeiten, mit Frustrationen und »negativen« Gefühlen, die in Erziehungshandbüchern in den allermeisten Fällen schamhaft ausgeklammert werden. Aggression und Wut auf Babys und Kleinkinder, so betonen Psychologen übereinstimmend, sind normale Gefühle. Zugleich bedeuten sie aber auch eine konkrete Gefahr für Körper und Seele, ja für das Leben des Kindes, wenn Eltern nicht gelernt haben, mit ihnen umzugehen. Säuglinge und Kleinkinder sind hier in besonderem Maße einem Risiko ausgesetzt.

Im Gegensatz zum europäischen Ausland, wo es vielfach seit langem ein Beratungsangebot für diesen Problembereich gibt, ist es in Deutschland noch schwer, kompetente Hilfe zu bekommen, wenn Konflikte eskalieren. In einigen Städten sind inzwischen jedoch die ersten Anlaufstellen für Eltern von Kindern bis zu drei Jahren eingerichtet worden, die individuelle Beratung anbieten.

 ## Magda (41) ist verheiratet und hat eine vierjährige Tochter

Ich hatte mich gründlich darauf eingestellt, dass mit einem Kind vieles nicht mehr möglich sein würde. Zum Beispiel am Wochenende lange auszuschlafen. Aber was das wirklich heißt, ewig für ein kleines Kind zuständig zu sein, habe ich überhaupt nicht geahnt. Nachdem mein Mann eine Woche nach der Geburt unserer Tochter wieder arbeitete, kam ich aus Nachthemd und Morgenrock nicht mehr heraus. Ich fand mich fürchterlich ungepflegt, mit ungewaschenem Haar und immer in diesen schlabbrigen, voll gespuckten Klamotten. An Friseur und Ähnliches war überhaupt nicht zu denken. Dort mit einem Säugling aufzukreuzen, der jeden Moment in Gebrüll ausbricht, hätte ich mir überhaupt nicht zugetraut.

Meine Tochter ist im Herbst geboren, und ich habe es das ganze Winterhalbjahr über nur unter größter Anstrengung fertig gebracht, vor Einbruch der Dunkelheit zum Einkaufen zu kommen. Ich weiß nicht, wie viele Anläufe ich unternommen habe, um irgendwelche anfallenden Dinge zu erledigen, zum Beispiel einen neuen Rock zu kürzen. Als ich damit nach mehreren Wochen immer noch nicht fertig war, bin ich morgens, als mein Mann sich gerade seine Aktentasche griff, in Tränen ausgebrochen. Ich hab den unheimlich beneidet, der konnte jeden Morgen einfach so aus der Wohnung marschieren.

Mein Draht zur Außenwelt bestand in den ersten Monaten vor allem darin, den *Spiegel* zu lesen. Während ich das Kind stillte, verschlang ich die neueste Ausgabe von Anfang bis Ende, einschließlich des Wirtschaftsteils. Zu wissen, ob Daimler-Benz mit sonst wem fusionierte, schien mich vor dem Verblöden zu retten. Vor kurzem habe ich von einer schlauen Erziehungsberaterin gehört, dass Mütter beim Stillen auf keinen Fall lesen, sondern sich ganz auf ihr Kind konzentrieren sollten, der Augenkontakt sei wichtig. Das hätte ich mir damals garantiert sofort zu Herzen genommen.

Einmal in der Woche bin ich abends zum Sport gefahren. Das waren zwei Stunden in der Woche, wo ich der alte Mensch sein konnte, einfach irgendeine, die zum Sport ging. Ohne Kinderwagen im Kofferraum und ohne Windeln, Schnuller und Spielzeug in der Handtasche. Ich hab während der Fahrt den Kassettenrekorder laut gedreht und mich unheimlich frei gefühlt.

Das ewige Kümmern und Zu-nichts-anderem-Kommen, auch das viele Alleinsein haben mich aber gar nicht so sehr aus der Bahn geworfen. So war das eben mit Kind, so musste das wohl sein. Ich fühlte mich oft auch tagelang wie in eine Watteschicht eingepackt, immer müde und abgespannt. Was mich fer-

tig gemacht hat, war das Schreien. Das sagt sich so einfach
dahin: Schreien. Babys schreien nun mal. Aber was das bedeutet, dieses stundenlange Gebrüll, tief von unten herauf und
dann hoch bis in die schrillsten Lagen. Mit kleinen Pausen
zum Hoffnungschöpfen: Vielleicht schläft sie jetzt endlich ein.
Und dann geht es doch gleich wieder los. Ich konnte auch
nicht aus dem Zimmer gehen, ich musste daneben sitzen: Man
darf sein Kind auf keinen Fall allein lassen mit seinem
Schmerz, das war wie eine Manie.
Ich hab sie herumgetragen, in der Wohnung, im Garten, während sie brüllte wie am Spieß, und ich hatte keine Ahnung,
warum. Oft hab ich dabei geheult. Oder ich hab ihr was vorge-
sungen, sämtliche Kinderlieder, die ich kannte, bis ich heiser
war. Dann hab ich sie geschüttelt und angeschrien: Sei endlich
still! Manchmal hab ich sie ins Auto gepackt und bin über die
Landstraßen gefahren, sogar in der Nacht. Das half gelegentlich, wenn ich Glück hatte. Abends um sechs kam mein Mann
nach Hause, der hat sich mit ihr hingelegt und sein Buch gele-
sen, während sie in seinem Arm lag und schrie. Dann konnte
ich wenigstens halbwegs ungestört kochen. Vor allem war endlich jemand da, mit dem man diesen Zustand teilen konnte, zu
dem man sagen konnte, Herrgott noch mal.
Als Sandra ein Dreivierteljahr alt war, bin ich mit ihr und meiner
Freundin in Urlaub gefahren. Manchmal sind wir abends in ein
Restaurant gegangen. Zwei Frauen und zwei Babys, von denen
eins garantiert anfing zu brüllen, nachdem der Kellner die Spei-
sekarte gebracht hatte: meins. Wenn das Essen serviert wurde,
wanderte ich schon wieder draußen auf der Straße auf und ab.
Einmal kam eine nette ältere Dame hinter mir her und bot mir
an, das Kind zu nehmen, damit ich in Ruhe essen konnte – in
Ruhe ...! Ich schlang herunter, was auf dem Teller lag, und im
Hotel habe ich den Quälgeist in stummer Wut ins Kinderbett
geschmissen. Da konnte sie weiterbrüllen und hatte jetzt wenigstens einen Grund.
In den ersten zwei Jahren gab es natürlich auch viele Stunden, die wunderschön waren. Wir haben viel geschmust und

gespielt und viele gemütliche Mittagsschläfchen zusammen gemacht. Aber ich habe mich von meinem Kind auch oft wahrsinnig provoziert gefühlt. Wickeln und Anziehen waren jedes Mal ein Kampf. Sie wand sich wie ein Aal und strampelte aus Leibeskräften. Bei der Hüftuntersuchung mit Ultraschall waren außer dem Arzt und mir zwei Sprechstundenhelferinnen nötig, um den Säugling zu bändigen. »Die hat aber Temperament«, meinte der Orthopäde mit Schweißperlen auf der Stirn. Genau so hätte man das sehen müssen als erwachsener Mensch mit all seiner Überlegenheit.

Ich konnte das oft nicht. Ich hatte das Gefühl, das Kind will mich auf hundertachtzig bringen, will mir nach Belieben jeden Spaß verderben. Wenn ich nachmittags mit ihr etwas unternehmen wollte, riss sie sich im Nu die mühsam angezogenen Sachen wieder vom Leib, wälzte sich schreiend am Boden oder übergab sich. An so einem Tag habe ich ihr dann den Hintern versohlt, sie in ihr Zimmer geschubst und sie angeschrien: Dann bleibst du eben allein! Draußen vor dem Haus habe ich eine Weile zugehört, wie sie drinnen geweint hat, und ich hab mich unendlich schlecht gefühlt. So einer kann man gar kein Kind anvertrauen. Ich bin wieder reingelaufen, hab sie in den Arm genommen und mir geschworen, das passiert dir nicht noch einmal. Ich hab mich zusammengenommen, mich zur Geduld gezwungen. Aber irgendwann bin ich dann wieder ausgerastet. So kannte ich mich überhaupt nicht. Wegen irgendeiner Kleinigkeit kam eine solche Wut in mir hoch, die mich zu einer richtigen Schreckensgestalt werden ließ, die herumschrie, auf den Tisch schlug oder Sachen durch die Gegend warf. Dann war das Kind still und verstört. Und ich wusste ganz genau, ich hab sie zwar nicht angefasst, aber ich war trotzdem, ja, irgendwie richtig hasserfüllt, voll Aggression bis obenhin. Gesprochen habe ich darüber mit niemandem. Ich war ja schon froh, wenn ich mich damit nicht selbst konfrontieren musste. Man war wieder lieb, und alles war vergessen.

Überhaupt waren meine Mutter-Befindlichkeiten und mein Alltag zu Hause für niemanden ein Thema, mal ausgenommen die zwei Freundinnen, die auch kleine Kinder hatten. Ich wollte auch anderen gar nichts vorjammern. In unserem ganzen großen Bekannten- und Freundeskreis waren sowieso kaum Leute mit Kindern. Wenn man sich auf einer Feier traf, hieß es immer: Arbeitest du schon wieder? Oder: Wann willst du wieder arbeiten? Das waren mit Abstand die häufigsten Fragen, die mir gestellt wurden. Nur einmal hat mich eine Bekannte gefragt, ob ich eigentlich allein zur Toilette darf, ohne Kind am Bein. Die wusste Bescheid.

Als meine Tochter zwei war, habe ich mir Arbeit besorgt, die ich zu Hause erledigen konnte, wenn das Kind schlief. Das hat sich enorm ausgewirkt, ich war ausgeglichener und hatte wieder ein Stück meiner alten Welt zurück, gehörte wieder dazu. Wichtig war auch, dass ich irgendwann mit meinem Kind reden konnte. Je besser sie sprechen lernte und je verständiger sie wurde, desto seltener hatte ich solche aggressiven Anwandlungen. Und es war gut, dass mir auch das Kind selbst häufiger gezeigt hat, wo die Grenze ist, weil sie sich gegen Ungerechtigkeiten ziemlich früh zur Wehr gesetzt hat. Das hat es mir leichter gemacht, fair zu sein.

Gespräch mit der Diplompsychologin Renate Barth von der Hamburger Beratungsstelle »Menschenskind« für Eltern mit Säuglingen und Kleinkindern

Cornelia Nack: *Wut und Ärger – sind solche Gefühle gegenüber dem eigenen Baby normal?*
Renate Barth: Ja. Bevor das Kind geboren ist, können sich Eltern oft gar nicht vorstellen, so genannte negative Gefühle wie Ärger, Wut oder Enttäuschung zu haben. Es ist manchmal ganz erschreckend für sie, wenn sie später zum ersten Mal merken, wie solche Gefühle hochkommen. Dies kann zum Beispiel der Fall sein, wenn das Baby lange schreit und durch nichts zu

beruhigen ist oder wenn es trotz vieler Mühen mit dem Stillen oder Schlafen nicht zufrieden stellend klappt.

Es gibt wohl keine Eltern, die nicht gelegentlich negative Gefühle gegenüber ihrem Baby verspüren. Viele plagen sich dann mit Schuldgefühlen. Der Mythos von den guten, nur liebenden Eltern erschwert es sehr, mit der Wut umzugehen. Aus der Befürchtung heraus, nur sie allein würden so empfinden, neigen Eltern häufig dazu, nicht über ihre negativen Gefühle zu sprechen. Aber wenn sie es dann doch einmal tun, erfahren sie oft, dass es anderen genauso geht. Ärger und Wut sind Teil unserer Gefühlswelt, genauso wie die Liebe. Nur wenn wir die negativen Gefühle anerkennen, können wir uns damit auseinander setzen und überlegen, wann wir so wütend sind und was uns so wütend gemacht hat.

Was können Eltern tun, wenn die Wut in ihnen hochkommt?
Eltern müssen unbedingt zwischen Gefühl und Handlung trennen. Aggression darf nicht direkt gegen das Kind gerichtet werden. Das ist das Wichtigste. Häufiges Schimpfen und Schlagen ist eine große Belastung für das Kind, körperliche Gewaltanwendung ist potenziell lebensgefährlich. Wird ein Baby geschüttelt, kann es leicht zu Gehirnverletzungen kommen und sogar mit dem Tod enden. Eltern müssen eine Form finden, mit ihren aggressiven Gefühlen so umzugehen, dass das Kind keinen Schaden nimmt. Wichtig ist, den aggressiven Impuls nicht zur Handlung werden zu lassen, sondern aus der Situation herauszugehen. Sind Eltern zum Beispiel wütend, weil sie ihr Baby trotz vieler Bemühungen nicht beruhigen können, kann es sinnvoll sein, das schreiende Kind ins Bettchen zu legen und in der Küche eine Tasse Tee zu trinken oder eine Freundin anzurufen. Es ist zwar ungünstig, wenn das Baby allein schreit, aber besser, als wenn Eltern ihre Wut an dem Kind auslassen. Verspüren Eltern sehr häufig aggressive Impulse gegenüber ihrem Baby, sollten sie sich unbedingt Hilfe holen.

Viele Schwierigkeiten mit Babys ergeben sich auch daraus, dass sie sprachlich noch nicht ausdrücken können, was ihnen auf dem Herzen liegt.

Das stimmt. Eltern von Babys, die viel quengeln oder schreien, klagen oft, dass sie nicht wissen, warum ihr Kind so unruhig ist. Aus dieser Notlage heraus tun sie dann etwas Unspezifisches, um das Baby zu beruhigen. Sie tragen es immer herum, geben ihm die Brust beziehungsweise die Flasche oder fahren es stundenlang im Kinderwagen oder Auto spazieren. In der Beratung sehe ich meine Aufgabe darin, Eltern zu unterstützen, die Sprache ihres Babys besser verstehen zu lernen. Was will das Baby »sagen«, wenn es quengelt und schreit, motorisch unruhig wird, einen in unbestimmte Ferne gerichteten »starren« Blick bekommt oder den Blickkontakt meidet?

Ich rate Eltern immer dann, wenn das Kind quengelig wird oder nur ruhig ist, wenn sie es herumtragen, eine Art Diagnose zu stellen. Was will das Baby durch sein Verhalten zum Ausdruck bringen? Hat es Hunger? Möchte es sich unterhalten? Ist es müde? Wissen Eltern die Antwort nicht, können sie eine Ursache nach der anderen ausschließen, indem sie ihr quengelndes Baby, wenn es zum Beispiel seit mehr als zwei Stunden nichts gegessen hat, zunächst füttern. Schreit es nach der Mahlzeit weiter, kann es nicht mehr hungrig sein. Was will es jetzt sagen? Vielleicht möchte es sich unterhalten? Ist es schon mehrere Stunden wach und nicht in der Lage, auf Spielangebote der Eltern zu reagieren, ist es wahrscheinlich müde. Eltern legen es dann oft ins Bett, aber das Baby schläft nicht, sondern schreit weiter. Jetzt werden die Eltern unsicher und denken, dass das Kind vielleicht doch nicht müde ist. Sie nehmen es wieder hoch, tragen es herum, füttern es, und das Kind wird immer aufgedrehter, bis es schließlich nur noch schreit.

Eltern wissen oft nicht, dass viele Babys schreien, weil sie noch nicht gelernt haben, allein einzuschlafen. Einem Kind, das allein einschlafen kann, fällt es in der Regel auch leichter, tagsüber länger und – ab der zweiten Hälfte des ersten Lebensjahres – nachts durchzuschlafen.

Aber Babys »sprechen« nicht nur durch Quengeln und Schreien. Haben sie genug geschlafen und getrunken, sind sie in der Regel aufmerksam und wach. Jetzt ist der richtige Zeitpunkt für Zwiegespräche und Spielinteraktionen. Wenn sich Mutter oder Vater und Kind anlächeln, wenn durch Mimik, Gestik und Babysprache ein Dialog zwischen ihnen entsteht, ist das für alle Beteiligten ein beglückendes Ereignis. Passt man den richtigen Zeitpunkt ab, können Babys Eltern für die viele Arbeit und Mühe entschädigen und belohnen. Eltern sollten bewusst solche beziehungsfördernden Begegnungen suchen, die ihr Herz und das des Kindes erwärmen.

Wenn ein Baby exzessiv schreit, fehlt es Eltern dann nicht häufig auch an der nötigen Gelassenheit, um die Situation zu meistern? Ein schreiendes Baby braucht eine Bezugsperson, die mit dieser Situation umgehen kann, ohne dabei selbst in Panik zu geraten. Das ist nicht einfach. Das Schreien ist von der Natur als Alarmsignal angelegt, das nur schwer zu ertragen ist. Haben Eltern die Erfahrung gemacht, dass alles, was sie tun, nicht zum Erfolg führt, ist es schwer, gelassen zu bleiben.

Wie können Eltern in solchen Situationen mehr Gelassenheit entwickeln? Indem sie lernen, ihr Baby besser zu verstehen und mit effektiveren Maßnahmen zu beruhigen. In der Beratungsstelle biete ich Eltern mit exzessiv schreienden Säuglingen als Erstgespräch in der Regel einen zweistündigen Termin an. Ich sage, dass wir uns Zeit nehmen wollen, gemeinsam herauszufinden, warum das Baby so viel weint. Denn nur wenn wir die Ursache kennen, können wir in effektiver Weise etwas dagegen tun. Ich erkläre, dass das Schreien eine von vielen Ausdrucksformen des Babys ist, und zwar eine, die häufig erst dann eingesetzt wird, wenn andere, »weichere« Zeichen unbeantwortet geblieben sind. Machen Eltern die Erfahrung, dass sie ihr Kind besser verstehen und auch selbst beruhigen können, stellt sich die Gelassenheit leichter ein.
Es gibt jedoch auch Eltern, bei denen das Schreien schmerzhafte Erinnerungen auslöst. Dies kann der Fall sein, wenn sie selbst als Kind viel geweint haben und niemand gekommen ist oder wenn

diese oder eine vorherige Schwangerschaft oder Geburt traumatisch verlaufen sind. Haben Eltern solche Erfahrungen gemacht, können diese belastenden Gefühle wieder aufleben und es ihnen erschweren, ihr Kind zu beruhigen. Die amerikanische Psychoanalytikerin und Sozialarbeiterin Selma Fraiberg spricht in diesem Zusammenhang von »Gespenstern im Kinderzimmer«, die als »Besucher aus der unbewußten Vergangenheit der Eltern«, als »nicht geladene Gäste auf der Taufe« ihr Unwesen treiben und die Beziehung zum Kind stören. Gelingt es den Eltern – zum Beispiel in Beratungsgesprächen –, frühere schmerzhafte Erfahrungen und Gegenwart voneinander zu trennen, kommt es meist schnell zu einer deutlichen Besserung der Situation.

Viele junge Mütter fühlen sich ausgelaugt, erschöpft und reagieren aus Überforderung aggressiv. Wie können sich Mütter im Alltag Entlastung schaffen, um Konfliktsituationen vorzubeugen?
Wenn Eltern die Sprache ihres Babys gut verstehen, werden sie zusammen mit dem Kind in den ersten drei bis sechs Lebensmonaten einen guten Tag-Nacht-, Schlaf-Wach- und Hunger-Sättigungs-Rhythmus etablieren. Dadurch wird das Verhalten des Kindes etwas vorhersagbarer. Obwohl das Leben mit einem Baby auch weiterhin viel Kraft erfordert, haben Eltern dann wieder etwas mehr Zeit und Freiräume für sich.
Der Kontakt mit anderen Personen hat als Entlastungsfaktor große Bedeutung. Eine gute Partnerbeziehung ist natürlich günstig. Aber auch andere Bezugspersonen wie Eltern, Schwiegereltern, Freunde und Verwandte können hilfreich sein, wenn sie als unterstützend erlebt werden. Dabei geht es zum einen darum, jemanden zu haben, der in einfühlsamer Weise zuhört, wenn alles zu viel wird, oder auf den zurückgegriffen werden kann, wenn ganz konkrete Hilfe vonnöten ist. Dies kann wichtig sein, wenn das Kind krank ist, nachts ständig aufwacht oder wenn Eltern einfach mal Zeit für sich brauchen. Vielleicht hätten sie gerne Unterstützungspersonen, die manchmal Essen vorbeibringen oder das Baby für einige Stunden betreuen, damit sie schlafen können oder etwas Zeit für sonstige eigene Aktivitäten haben.

Viele Familienbildungsstätten, Mütterberatungsstellen, Kirchen oder Mütterzentren bieten Krabbelgruppen für Eltern mit Babys an. Dies ist eine gute Möglichkeit, andere Mütter und Väter in ähnlicher Lage kennen zu lernen und eine Anlaufstelle zu haben, wenn einen zu Hause die Decke auf den Kopf fällt.

Kann man sein Baby auch von anderen Personen betreuen lassen?
Sie sprechen da ein wichtiges Thema an. Selbstverständlich kann ein Baby auch von anderen Personen mit betreut werden. Dabei müssen jedoch einige Punkte beachtet werden. Schon früh beginnen Babys eine Beziehung – man spricht von Bindung – zu den ihnen nahe stehenden Bezugspersonen aufzubauen. Besonders sichtbar wird dieser Prozess in der zweiten Hälfte des ersten Lebensjahres, wenn das Kind zu fremdeln beginnt. Diese engen Bezugspersonen, es sind in der Regel die Eltern, dienen dem Kind als so genannte sichere Basis. Zu ihr kehrt es immer dann zurück, wenn es ihm nicht gut geht oder es sich verunsichert fühlt.
Soll das Kind von einer anderen Person betreut werden, muss diese vom Kind als »sichere Basis« akzeptiert werden. Voraussetzung dafür ist, dass das Kind die Person gut kennt und sich von ihr trösten lässt. Wollen Eltern ihr Kind also von einer ihm bislang unbekannten oder wenig vertrauten Person betreuen lassen, ist es notwendig, vorher genügend Zeit zu investieren, um das Baby an die neue Person zu gewöhnen. Darüber hinaus wäre es erstrebenswert, die Anzahl dieser Personen überschaubar zu halten und dafür zu sorgen, dass sie möglichst wenig wechseln.

Ihre Beratungsstelle ist eine von wenigen dieser Art in Deutschland. Wie wird sie angenommen, wer kommt zu ihnen und wie sieht die Behandlung aus?
Es suchen weit mehr Eltern um Beratung nach, als Behandlungskapazitäten zur Verfügung stehen. Anmeldegrund kann jedes emotionale Problem in den ersten drei Lebensjahren des Kindes sein. Viele Eltern kommen, weil ihr Baby an so genannten 3-Monats-Koliken leidet. Oft sind Schlafstörungen, Wutanfälle oder Ängstlichkeit des Kindes der Anmeldegrund. Manchmal kommen Mütter, weil sie

sich depressiv fühlen oder keine positiv getönte Beziehung zu ihrem Kind bekommen. Einige Eltern fühlen sich von ihrem Kind abgelehnt und beschreiben das Problem als: »Ich glaube, mein Baby mag mich nicht.« Mütter und Väter wenden sich auch an die Beratungsstelle, wenn sie im Umgang mit dem Baby so ärgerlich werden, dass sie befürchten, ihm wehzutun, oder wenn sie dies bereits getan haben. In den Gesprächen versuche ich gemeinsam mit den Eltern zu verstehen, was für sie so schwierig ist. Oft biete ich eine alternative Erklärung des Problems aus der entwicklungspsychologischen Perspektive des Kindes an. Manchmal ist es notwendig, den Eltern zu helfen, das Problem aus ihrer eigenen Geschichte heraus zu betrachten. Oft reichen nur wenige Beratungsgespräche aus, um die Situation deutlich zu verbessern. Eltern sind in dieser Zeit sehr offen. Sie wollen das Beste für das Baby und ihre Familie, und kleine Gefühls- oder Verhaltensänderungen auf ihrer Seite haben oft große Wirkung.

Die erste Zeit mit einem Kind ist mit großen Veränderungen verbunden. Sie kann mit viel Freude einhergehen, aber auch mit viel Stress. Da ist es selbstverständlich, wenn Fragen oder Probleme auftauchen. Eine frühzeitige Beratung kann darüber hinaus oftmals verhindern, dass sich aus ursprünglich »kleinen« Schwierigkeiten im späteren Lebensverlauf des Kindes gravierendere Störungen entwickeln. Im englischsprachigen Ausland gehören auf diese Altersgruppe spezialisierte Beratungseinrichtungen schon fast zum Standardangebot für Eltern. Ich hoffe, dass dies auch bei uns nur noch eine Frage der Zeit sein wird.

Überforderung – ein wachsendes Problem

In den westlichen Ländern hat sich das Leben während der letzten Jahrzehnte in einem schier atemberaubenden Tempo verändert. Wohnung und Arbeit, Einkaufsgeschäfte und Behörden, Schule und Sportverein – immer mehr haben sich die einzelnen Lebensbereiche nach fest umrissenen Funktionen getrennt und voneinander entfernt. Im komplizierter werdenden Getriebe unserer Gesellschaft darf außerdem kaum noch etwas der Laune oder dem Zufall überlassen bleiben. Leistung und Effizienz, vorausschauende Planung und Berechenbarkeit, Pünktlichkeit und Ordnung sind die Kriterien, nach denen die Räder einer hoch spezialisierten Industriegesellschaft ineinander greifen.

Diese Spielregeln verlangen von jedem Einzelnen ein hohes Maß an Flexibilität, Selbstkontrolle und Einsatzbereitschaft, um im Leben bestehen zu können. Ob jemand darüber hinaus eine Familie gründet und Kinder großzieht, ist seine ganz private Entscheidung. Und Privatsache sind auch die Leistungen, die Männer und Frauen in ihrer Eigenschaft als Eltern erbringen. Diese Sichtweise, die sich in vielen gesellschaftlichen Bereichen niederschlägt, bedeutet für alle, die Elternverantwortung übernehmen, eine zusätzliche Belastung, die jedoch »von außen« kaum honoriert wird. Verkehrsplanung, Bauwesen oder Bildungseinrichtungen und vor allem die Wirtschaft nehmen auf die besonderen Belange und Bedürfnisse von Familien wenig oder überhaupt keine Rücksicht.

Zugleich sind aber die Anforderungen, die sich heute mit der Elternrolle verbinden, ganz erheblich gestiegen. Für viele Väter und Mütter wird daher die tägliche Aufgabe, die Ansprüche der Außenwelt und die Familienaufgaben unter einen Hut zu bringen, zum

nervenzehrenden Kraftakt. Zunehmend klagen Eltern über eine –
oft chronische – Überlastung, die sich in Reizbarkeit und Wutanfällen
Bahn bricht oder in depressive Stimmungen mündet – vielfach,
ohne dass die tieferen Ursachen hierfür benannt werden könnten.

Familie – ein verletzliches Gebilde

Die Privatheit der Familie spielt für ihre Stellung im gesellschaftlichen
Zusammenspiel eine besondere Rolle. Sie bewirkt, dass bei der
fortschreitenden Trennung unserer Lebensbereiche die Familie ge-
wissermaßen zum Außenposten der Gesellschaft geworden ist, zu
einem isolierten Teilbereich, der auf andere gesellschaftliche Bereiche wenig Einfluss hat. Hinzu kommt, dass die Familie immer
kleiner geworden ist. Sie umfasst immer weniger Erwachsene, auf
die sich die Organisation des Alltags und die zahlreichen Aufgaben
der Familienarbeit verteilen. In nur noch einem Prozent der Familien
leben heute außer Kindern und Eltern auch noch die Großeltern in
einem Haushalt. Auch verwandtschaftliche und nachbarschaftliche
Netzwerke haben ihre ehemalige Unterstützungsfunktion vielfach
eingebüßt. Familien sind dadurch zu verletzlichen, störanfälligen
Gebilden geworden, die weitaus weniger flexibel auf die Unwäg-
barkeiten des Lebens reagieren können als andere Lebensgemein-
schaften.

Für Eltern ergeben sich daraus erhebliche Nachteile gegenüber
denen, die keine familialen Aufgaben übernehmen. Besonders
deutlich ist dies am Individuallohn zu sehen, der sich ausschließlich
an der Leistung der einzelnen Arbeitnehmer orientiert. Wer Kinder
hat, für den wird der finanzielle Spielraum deutlich enger. Denn
vom »Familieneinkommen«, das vielfach nur von einer Person
erwirtschaftet wird, muss die ganze Familie leben. Außerdem können
berufliche Chancen schlechter wahrgenommen werden. Nicht nur,
weil die Familienarbeit generell Zeit und Kraft bindet, sondern auch,
weil Eltern im Vergleich zu Kinderlosen in ihrer räumlichen Beweg-
lichkeit eingeschränkt sind.

Auch wenn Erziehungsgeld oder erhöhtes Kindergeld Ansätze für einen Ausgleich dieser Benachteiligungen darstellen, fließen doch die großen sozialen Leistungen, die Eltern erbringen, nicht als Familienhilfe zurück. Dies trifft insbesondere diejenigen, denen eine weniger qualifizierte Schul- und Berufsausbildung enge und oft unüberwindliche Einkommensgrenzen setzt.

Stressfaktor Arbeit

Neben dem Einkommen betreffen auch die jeweiligen Bedingungen des Arbeitsplatzes Eltern in besonderem Maß und können das Zusammenleben mit Kindern stark belasten: Zeit- und Leistungsdruck, belastende Formen der Arbeitsüberwachung, Schicht- und Kurzarbeit, nicht zuletzt auch Ärger mit Kollegen und Vorgesetzten. In vielen Berufsfeldern haben technische Neuerungen zu tief greifenden Umbrüchen geführt. Ganze Berufszweige sterben aus oder haben ihre Anforderungen so geändert, dass viele unter dem Gefühl leiden, nicht mehr mithalten zu können. Für andere wiederum bedeutet der technische Wandel eine – oft ebenso schwerwiegende – Unterforderung, wenn ein Großteil der eigenen Fachkompetenz nicht mehr eingesetzt werden kann. Viele Menschen fürchten darüber hinaus um ihren Arbeitsplatz.
All diese Belastungen können wir nicht vor der Wohnungstür abstreifen, wir nehmen sie mit hinein in die Familie, wo sich finanzielle Sorgen, Unzufriedenheit und Stress, auch Ohnmachts- und Wertlosigkeitsgefühle in familiären Auseinandersetzungen ein Ventil suchen.
Für Millionen Menschen ist der Verlust des Arbeitsplatzes bereits Wirklichkeit geworden. Arbeitslosigkeit ist inzwischen die Hauptursache für Einkommensarmut, insbesondere für Alleinerziehende und Kinderreiche. Zunehmend sind auch Durchschnittsfamilien mit kleinen Kindern von Sozialhilfe abhängig, weil die Arbeitslosigkeit immer häufiger jüngere Arbeitnehmer trifft. Mit über 40 Prozent stellt die Gruppe der 25- bis 34-jährigen Eltern inzwischen den Löwenanteil der Arbeitslosen mit Kindern.
Stressforscher sehen in der Arbeitslosigkeit eine der »gravierendsten

Lebenskrisen« und ein Ereignis, »das nahezu alle Lebensbereiche des Betroffenen berührt«[15]. Der Lebensstandard sinkt, der Alltagsrhythmus geht verloren, private Kontakte werden aufgegeben – sei es aus Scham oder schlichtweg aus Geldmangel, denn Unternehmungen sind meistens auch mit Kosten verbunden. Viele leiden unter Existenzangst, starken Selbstzweifeln, depressiven und aggressiven Stimmungen.

Arbeitslosigkeit, so das Ergebnis zahlreicher Studien, ist nicht Ursache, aber Auslöser für viele Familienkonflikte mit gewalttätigen Handlungen gegen Kinder. Entscheidend für die Bewältigung dieser Krisensituation ist das Maß an Solidarität und Harmonie in der Gemeinschaft vor dem Beginn der Arbeitslosigkeit. Trifft sie als zusätzliche Erschwernis auf bereits belastete Familien- und Partnerschaftsbeziehungen, verstärkt und entzündet sie schwelende Konflikte.

Mütter im Beruf

Für den Balanceakt zwischen den beiden zentralen Lebensbereichen Familie und Beruf tanzen vor allem Frauen auf einem Seil, unter dem sich nur ein grobmaschiges Netz spannt. Die traditionelle Rollenteilung – der Mann verdient das Geld, die Frau ist für Haushalt und Familie zuständig – wird mit steigender Berufsqualifizierung von Frauen mehr und mehr zum antiquierten Modell. Zunehmend wollen sie auch als Mütter ihren erlernten Beruf ausüben – nicht nur aus finanziellen Gründen. Berufstätig zu sein, das heißt auch Teilnahme am Leben jenseits des isolierten Familienbereichs, heißt Selbständigkeit und Selbstbestätigung.

Die Rahmenbedingungen haben sich dieser Entwicklung jedoch nicht angepasst. Es fehlt an allen Ecken und Enden an familienfreundlichen (Teilzeit-)Arbeitsplätzen. Angesichts der enormen Unterbeschäftigung denkt auch kaum jemand ernsthaft über solche Möglichkeiten nach.

Und Mütter, die arbeiten wollen oder müssen, brauchen Kinderbetreuung. Zwar haben sich die Kommunen bemüht, den gesetzlichen

Anspruch auf einen Kindergartenplatz zu erfüllen, doch das Angebot von staatlicher Ganztagsbetreuung und Hortplätzen für Schulkinder hinkt weit hinter der Nachfrage zurück. Von schulischer Betreuung bis in den Nachmittag hinein, in Nachbarländern seit langem eine Selbstverständlichkeit, können berufstätige deutsche Mütter nur zum geringen Teil profitieren.

Welche Art von Berufstätigkeit bleibt für Mütter übrig, wenn die am Ort vorhandene Kindergartenbetreuung nur vier Stunden umfasst oder das Vorschulkind um halb elf schon wieder den Ranzen schultert? Wo ist der Arbeitgeber, der Müttern Extrawürste brät, weil die Betreuungseinrichtung eher schließt als der Betrieb? In welchem Radius können sich Mütter überhaupt um einen Arbeitsplatz bewerben, wenn Arbeitszeit, Kinderbetreuungszeit, Ladenöffnungszeit, Busfahrpläne und Berufsverkehr aufeinander abgestimmt werden müssen?

Die Unterbringung der Kinder ist deshalb oft nur mit großem Organisationsaufwand und einem ausgeklügelten privaten Betreuungssystem möglich. Tagesmütter, Großeltern oder Nachbarn müssen einspringen, um Müttern die Berufstätigkeit zu ermöglichen. Mehr als die Hälfte der Drei- bis Sechsjährigen ist auf drei und mehr Betreuungsformen täglich angewiesen.[16] »Nur wer genügend Geld, Nerven und eine kooperative Verwandtschaft hat, kann diesen Drahtseilakt über Jahre ausbalancieren«[17], heißt es in einer Bestandsaufnahme zur Situation in Deutschland lebender Kinder.

Und nicht zu vergessen: die Männer. Übereinstimmend negativ fällt das Urteil verschiedener Untersuchungen über ihre Mithilfebereitschaft im Haushalt aus. Gleich hinter dem Stoßseufzer, kaum noch Zeit für sich selbst zu haben, rangiert denn auch bei berufstätigen Frauen die Kritik am Partner, der sich vorm Putzen und Aufräumen drückt. Die Schwierigkeiten für Frauen, Beruf und Familie miteinander zu vereinbaren, seien auch ein Grund dafür, dass die Kinderzahl der Familien weiter sinkt und die Gruppe der Kinderlosen ständig zunimmt, betont eine Kommission von Sozialwissenschaftlern, die im Auftrag des Bundesfamilienministeriums die Situation der Familien in Deutschland analysierte.[18]

Die eigenen vier Wände

Viele Familien leiden unter ihrer Wohnsituation. Jedes dritte Kind lebt nach Einschätzung der Wohlfahrtsverbände in einer zu kleinen Wohnung. Während Singles im Schnitt 60 bis 80 Quadratmeter Wohnfläche zur Verfügung haben, kommen Familien mit zwei Kindern unter sechs Jahren nur auf 22 Quadratmeter pro Familienmitglied.

Darüber hinaus sind Leute mit Kindern auf dem Wohnungsmarkt keine gern gesehenen Kunden. Bei der Suche nach einer größeren – und dennoch erschwinglichen – Unterkunft erwartet viele Eltern ein Hürdenlauf durch Maklerbüros und Vermittlungsstellen, hinzu kommen rigide Hausordnungen und lärmempfindliche Nachbarn: Spielen auf dem Rasen verboten, ebenso das Abstellen von Kinderwagen und Rädern im Hausflur. Schon wieder Sand auf der blank geputzten Treppe und Kinderlärm während der Ruhezeit! Untersuchungen über die Wohnungsvergabe in Deutschland beweisen, was von Vermieterabsagen entnervte Familienvorstände längst wussten: Alleinstehende und kinderlose Paare haben immer die besseren Chancen. Im *5. Familienbericht* des Bundesfamilienministeriums heißt es sogar, dass vom Zuwachs von 6,2 Millionen Wohnungen zwischen 1968 und 1987 »75 Prozent durch Einpersonenhaushalte beansprucht wurden«[19].

Viele Familien müssen aus Kostengründen mit einer Adresse in unwirtlichen, teils bedrückenden Wohnvierteln und Trabantenstädten ohne ausreichende Freizeiteinrichtungen für Kinder vorlieb nehmen. Oftmals bleibt den einzelnen Familienmitgliedern in der Wohnung keine Rückzugsmöglichkeit in ein »eigenes Reich«, und sei es noch so klein. Eltern und Kinder sitzen sich auf der Pelle. Interessenkonflikte zwischen tobenden, lauten Kindern und gestressten Eltern sind daher häufiger Anlass, das Fass zum Überlaufen zu bringen.

Wandel der Kindheit

Kinder verbringen immer mehr Zeit in der Wohnung und anderen geschlossenen Räumen, denn die Welt vor der Haustür lädt nicht mehr zum Verweilen ein. Straßen, Plätze und Häuser haben häufig jedes Grün vertrieben, für Kinder bleiben genormte Spielplätze reserviert. Eine Kindheit, in der man noch gefahrlos in Hinterhöfen und Brachgeländen auf Entdeckungstour gehen konnte, in der Straße noch Spielraum war und Gruppentreffpunkt, hat heute Seltenheitswert.

»Parkflächen und Verkehrsstraßen haben das Gelände der Überraschungen und der Abenteuer abgeschnürt und schneiden – bei Strafe des Verkehrstods – den Streifraum von Kindern ab. Damit schwinden Gelegenheiten, sich ungebunden einen Raum auszukundschaften und zu erobern. Damit vergehen die Anregungen, seine Umwelt auszuprobieren und nach eigener Idee zu gestalten«[20], beschreibt der Autor Wolfgang Sachs die Schwierigkeit, in einer automobilisierten Gesellschaft aufzuwachsen.

Oftmals sind in unmittelbarer Nähe auch gar keine Spielgefährten anzutreffen, weil es in der Nachbarschaft keine mehr gibt. Eltern müssen so immer mehr die Aufgabe übernehmen, ihre Kinder mit anderen in Kontakt zu bringen. Babygruppe, Kinderturnen, Flötenstunde, Bastelkurs, Besuch beim Schulfreund: Je weiter die »Verinselung der Kindheit« voranschreitet, desto mehr müssen vor allem Mütter die Freizeit des Nachwuchses nach Terminkalender organisieren. Und die kilometerweit verstreuten »Sonderwelten« für Kinder mit Begleit- und Transportservice verbinden. Wer das nicht kann, muss ohne erreichbare öffentliche Freizeitangebote die Kinder sich selbst überlassen – und das heißt oft: der elektronischen Alleinunterhaltung.

Die Kinder fördern – ein Pflichtprogramm

Noch aus einem anderen Grund geben Eltern heute ihre Kinder in die Obhut einer Vielzahl professioneller Kindertrainer und Kinderunterhalter: Es gilt das Gebot der frühzeitigen Förderung. Die fernere

Zukunft unserer Kinder ist kaum kalkulierbar, Prognosen über ihre Lebensumstände als Erwachsene sind kaum zu wagen. Der technisch-wissenschaftliche Fortschritt verändert unser Leben in immer schnellerem Lauf. Was heute noch verlässliche Kenntnis und Fertigkeit ist, wird morgen schon nicht mehr gefragt sein. Eltern müssen ihre Kinder deshalb in die Lage versetzen, sich möglichst flexibel, mobil und selbständig an die sich ständig wandelnden Lebensbedingungen anzupassen.

Je mehr die individuelle Leistung zum Schlüssel für einen aussichtsreichen Platz im Leben wird, desto wichtiger wird es für viele Eltern, so früh wie möglich Anlagen und Fähigkeiten der Kinder zu fördern: Die Lernspielzeug-Industrie verzeichnet enorme Zuwächse, Eltern gründen pädagogische Interessengemeinschaften. Genügte es in den 60er-Jahren noch, dass Fünftklässler sich über Wasser halten können, so ist heute der Schwimmkurs vielerorts schon für Vorschüler obligatorisch.

Qualifizierung, die im Vorschulalter noch Spaß macht, wird aber mit dem Schuleintritt bitterer Ernst. Bei einer Elternbefragung gaben bereits die Mütter von Erstklässlern an, dass »Hausaufgaben eine Quelle für Ärger sind«, verbunden mit »Schimpfen, Schreien, Ermahnen, Verbieten«.[21] Am Ende der Grundschule ist bereits ein Drittel der Eltern mit den Schulleistungen der Sprösslinge nicht zufrieden. Es werden Vorwürfe gemacht, Freizeit- und Fernsehverbote verhängt, Hausarrest erteilt, das Taschengeld gekürzt. Denn seit der Hauptschulabschluss für das berufliche Fortkommen nur noch untergeordnete Bedeutung hat, suchen Eltern das Heil ihrer Kinder in weiterführenden Abschlüssen, möglichst dem Abitur. Dieses Ziel bedeutet jedoch häufig eine enorme Überforderung aller Beteiligten: Für Väter und Mütter ist der »Hauslehrer«-Job mit beträchtlichem Zusatzaufwand verbunden, häufig fehlt ihnen auch das Sachwissen – und damit die Sachkompetenz, sich gegenüber den Kindern durchzusetzen. Dies ist die Stunde für die Nachhilfelehrer, einschlägige Institute haben seit Jahren Hochkonjunktur. Die Schüler hingegen leiden unter dem jahrelangen Druck der – oft völlig überhöhten – Ansprüche und unter Misserfolgserlebnissen.

Erziehung – kein Fall für Laien?

Die Kinder für das Leben rüsten – ein wahrer Sturzbach von Ratschlägen soll Eltern dabei helfen. »Eltern, die täglich mit ihren Kleinen schmusen, machen sie fit fürs Leben«, »Balancieren fördert Geschicklichkeit und Selbstvertrauen«, »Am Computer zu guten Noten: Mit der richtigen Software klappt es«, »Die Einstein-Diät: Klügere Kinder durch richtige Ernährung« sind nur einige Beispiele für das nie endende Lehr- und Lernprogramm von Eltern und Kindern in einschlägigen Zeitschriften.[22] Gut lässt sich daran ablesen, wie sehr die Erwartungen an die pädagogischen Leistungen der Eltern gestiegen sind – auch bei diesen selbst.

Denn dem überbordenden Ratschlagsangebot steht zweifellos eine enorme Nachfrage gegenüber: Fachleute ebenso wie die Eltern scheinen dem gesunden Menschenverstand oder dem Gefühl für richtiges Handeln von pädagogischen Laien wenig zu vertrauen. Die Bereitwilligkeit, mit der Eltern bei der Erziehung Zuflucht zur Expertenmeinung suchen, wird andererseits wieder heftig kritisiert – Soziologen warnen vor einem »erschreckenden Ausmaß an Bedürfnissen nach sozusagen wissenschaftlicher Absicherung der eigenen Erziehungspraktiken«[23].

Eltern haben es nicht leicht, aus diesem Dilemma herauszufinden. War die Generation der Großeltern noch gehalten, Erziehungsziele wie Sauberkeit, Ordentlichkeit, Gehorsam und gute Umgangsformen durchzusetzen, so sind heute in weitaus größerem Maß Selbständigkeit und Entscheidungsfähigkeit gefragt. Diese neuen Erziehungsziele machen auch neue Erziehungsstile erforderlich: verhandeln statt anordnen, erklären statt vorschreiben. Doch dieses Verhalten kostet auch mehr Zeit, Energie, Geduld und Gesprächsbereitschaft.

So sind die alten Ziele und Stile neuen und anspruchsvolleren gewichen. Diese im täglichen Miteinander umzusetzen, fehlt es Eltern oft schon aufgrund der eigenen Erziehung an Fertigkeiten. Es fehlt an Erfahrung im Umgang mit Kindern, an der Kompetenz, sich sprachlich auseinander zu setzen, an Möglichkeiten, zu sehen, wie andere Eltern Erziehungsaufgaben meistern. Die Folge ist eine tiefe Verunsicherung und Orientierungslosigkeit.

Darüber hinaus sind Eltern gefordert, ständig zwischen der Außenwelt und den Kindern zu vermitteln. Das heißt genauer: zu ermahnen, zu verbieten, zu beschränken, wenn die Kinder morgens nicht im Eiltempo in die Kleider kommen und die Eltern zu spät zur Arbeit, wenn Nachbarn oder Lehrer sich beschweren, wenn die bunte Konsum- und Medienwelt ihre Verführungskünste spielen lässt, wenn Nahrungsmittel krank machen und der Straßenverkehr das Leben bedroht.

All diese Anforderungen des ganz normalen Alltags miteinander in Einklang zu bringen, kostet viel Energie. Mehr, als manche Mutter und mancher Vater zur Verfügung zu haben glaubt. Je mehr Lebenseinschränkungen, Existenzsorgen und individuelle Belastungen hinzukommen, desto größer die Gefahr, dass die schwächsten Mitglieder in der Familie, die Kinder, zum »Blitzableiter« für die Probleme der Eltern werden.

Dies gilt insbesondere für Krisensituationen, in denen Eltern sich handlungsunfähig, ausweglos gefangen und psychisch mit dem Rücken zur Wand fühlen. Frühe Elternschaft, mehrere Geburten in kurzem Abstand, aber auch früh geborene, kranke oder behinderte Kinder können ein solches Übermaß an Belastung bewirken.

Zerbrechende Partnerschaften gehören heute schon zur Normalität, und die Alltäglichkeit dieses Ereignisses täuscht oft über das enorme Ausmaß an seelischem Schmerz hinweg, der in einer solchen Krisensituation zu bewältigen ist. Der Gefühlssturm von Kränkung, Entwertung, Verlassenheit, Wut und Rache lässt den betroffenen Eltern oft gar keinen Raum mehr für eine Auseinandersetzung mit Alltagsdingen. Die Kinder leiden nicht nur unter den Konfliktsituationen der Erwachsenen und dem Verlust eines Elternteils, sie erleben oft auch den zurückbleibenden Elternteil als unheilvoll verändert. Häufig sind Trennungsprozesse mit Gewaltanwendung verbunden, die sich auch gegen die Kinder richtet. Psychologen sehen in diesen Krisensituationen einen ernst zu nehmenden Risikofaktor für Kinder, wenn Eltern nicht rechtzeitig und nachdrücklich Hilfe in Anspruch nehmen.

Alleinerziehende und die Bürde der Verantwortung

Für die meisten Alleinerziehenden ist Überforderung ein vertrauter Alltagsbegleiter. Allein erziehende Mütter gelten als Problemgruppe auf dem Wohnungsmarkt wie auf dem Stellenmarkt. Viele von ihnen kommen finanziell kaum über die Runden. Der Mangel an familienfreundlichen Arbeitsplätzen und arbeitsplatzfreundlicher Kinderbetreuung trifft sie darum besonders hart. Vor allem in den neuen Bundesländern sind sie von Arbeitslosigkeit überproportional betroffen. Sie haben, wenn sie ohne Partner leben, das niedrigste Pro-Kopf-Einkommen. Und sie sind sehr jung: Die Hälfte der allein erziehenden Frauen ist mit dieser Familiensituation schon vor dem 25. Lebensjahr konfrontiert.[24]

Der Alleingang eröffnet zweifellos auch Chancen für eine ganz neue Eigenständigkeit: Allein erziehende Mütter »genießen die Entscheidungsfreiheit über familiäre Belange und das harmonischere Familienleben nach der Erfahrung ständiger Auseinandersetzungen mit dem Partner um die Beziehung, um Bedürfnisse, um die Erziehung der Kinder, ums Geld«[25], heißt es in einer Studie des Deutschen Jugendinstituts. Probleme selbständig zu lösen, Dinge nach eigenem Ermessen zu ordnen, sich nicht mehr nach jemandem richten zu müssen, der Ansprüche stellt oder Vorschriften macht – das kann befreiend sein, aus diesen Erfahrungen lassen sich auch Lebensfreude und Kraft gewinnen.

Kräftezehrend ist dagegen die fortwährende Doppelbelastung. Die beschriebenen Hürden für berufstätige Mütter sind für allein erziehende berufstätige Mütter noch um einiges höher: Ihr Organisationstalent muss noch größer, ihr Nervenkostüm muss noch robuster sein, denn sie müssen allein schaffen, was sich Eltern sonst teilen. Noch mehr sind sie auf private Helfer angewiesen, die hier mal einen Weg und dort mal die Kinder abnehmen, wenn Unvorhergesehenes die Planung durcheinander bringt. Nach Hektik und Stress der Wochentage kommt dann das Wochenende – oft mit Einsamkeit: Viele Alleinerziehende können soziale Kontakte nicht mehr so pflegen wie früher, der Freundeskreis schrumpft. Und sie haben dazu ein schlechtes Gewissen, Zeit für sich selbst zu beanspruchen – müssen sie sich doch schon im Alltag mit den Vorhaltungen ihrer Umwelt auseinander setzen, die Kinder kämen zu kurz.

Einsamkeit ist ebenso ein Problem von allein erziehenden Müttern, die wegen der Kinder zu Hause bleiben. Sie fühlen sich isoliert, angebunden. Und es fehlen ihnen Kontakte und Anerkennung, die sich aus einer Berufstätigkeit gewinnen lassen.

Erst langsam schließen sich auch die seelischen Wunden, die eine Trennung bei Eltern und Kindern geschlagen hat. Neben der Verarbeitung der Trennungssituation sehen Psychologen die Alleinerziehenden vor allem durch die Bürde alleiniger Verantwortung belastet. Unter dem Druck des täglichen Leistungspensums und ohne Aussicht auf Entlastung wächst die innere Spannung, die sich dann im Krach mit den Kindern entladen kann.

Eine besondere Rolle spielt hier der Rechtfertigungszwang, unter dem Alleinerziehende stehen. Ist das Turnzeug zu Hause liegen geblieben, die Hausaufgabe falsch gelöst, das Kind blass und verschnupft, kann nur einer schuld sein: das Oberhaupt der Restfamilie. »Um ein persönliches Versagen zu verhindern und um die irrationalen Schuldgefühle zu beschwichtigen, die an dieses Gefühl gekoppelt sind, entwickelt sich häufig ein enormer innerfamiliärer Zwang«[26], erklärt der Berliner Psychoanalytiker Horst Petri. Dieser Zwang kann in Überbehütung, verstärkter Kontrolle oder überhöhten Leistungsanforderungen bestehen. Widersetzt sich das Kind oder versagt es, vergrößert sich der Druck auf den allein erziehenden Elternteil. Konflikte verschärfen sich – ein Teufelskreis: »Die Gewalt, die vom Alleinerzieher ausgeht, ist oft besonders leicht als Ausdruck seiner Wehrlosigkeit und tiefen Kränkung auszumachen, in die ihn seine einsame, verantwortungsvolle und belastungsreiche Position innerhalb des Gesellschaftsgefüges hineingetrieben hat.«

Andrea (25) lebt getrennt von ihrem Mann mit ihrer fünfjährigen Tochter und dem zweijährigen Sohn

Ich war noch in der Lehre, als ich schwanger wurde. Wir haben dann geheiratet, und meine Tochter wurde kurz vor meinem 20. Geburtstag geboren. Wir wollten gerne noch ein Kind haben, aber während der zweiten Schwangerschaft fingen die Probleme dann an. Mein Mann ist abends nach Hause gekommen, hat seinen Aktenkoffer abgestellt und ist wieder gegangen. Ich hab natürlich gefragt, was er hat, und er meinte immer nur, ich soll ihn in Ruhe lassen. Und irgendwann ist man so weit, da explodiert man. Dann kann man sich das nicht mehr mit anhören: Lass mich in Ruhe und so. Ich habe vermutet, dass er eine andere hat, aber er hat immer gesagt, da ist nichts, und ich sollte mal zum Psychiater gehen. Ich saß hier natürlich und habe nur geheult und habe gefragt, warum und wieso, aber er ist nicht darauf eingegangen, kein Stück. Er war bei der Geburt von Patrick noch dabei. Das war irgendwie meine letzte Hoffnung, dass er doch wieder zur Vernunft kommt, es hat aber leider nichts geändert. Mein Mann hat mich aus dem Krankenhaus abgeholt und ist ein paar Tage später ausgezogen, zu seiner neuen Freundin.

Das erste halbe Jahr war für mich ganz schlimm. Ich war froh, wenn der Kleine geschlafen hat, wenn er im Bett war. Und Nicole hab ich machen lassen, was sie wollte. Sie hat mir das Badezimmer unter Wasser gesetzt, und ich hab hier anderthalb Stunden telefoniert, das war mir so egal. Hauptsache, ich hatte irgendjemanden, mit dem ich in meiner Not sprechen konnte.

Am Anfang haben mir viele geholfen. Die haben auch gedacht, ich tu mir irgendwas an. Aber wenn sie merken, so, jetzt wird sie mit ihrer Situation allmählich fertig, lässt es sehr schnell nach. Auch bei meiner Mutter. Da heißt es, Nicole kann ja auch mal wieder bei uns schlafen. Aber wenn man dann fragt, wird ein Gesicht gezogen. Irgendwann hat man keine Lust mehr, zu betteln und immer nur zu hören, da geht es leider nicht, und da auch nicht.

Mein Mann holt die Kinder jedes zweite Wochenende, aber nicht über Nacht, weil sie nur eine Anderthalb-Zimmer-Wohnung haben. Abgesehen davon kümmert er sich nicht. Ich hab am Anfang gesagt, er soll zwischendurch mal anrufen und Nicole mal Gute Nacht sagen, damit sie irgendwie das Gefühl hat, dass er da ist. Oder dass er mal kommt und aufpasst, zum Beispiel neulich, als im Kindergarten Elternabend war. Aber er sagt, ich muss meine Sachen selber auf die Reihe kriegen und er hätte genug zu tun.

Ich habe einfach keinen, der mir mal was abnimmt. In anderen Familien, wo der Vater abends nach Hause kommt, da kann man mal in Ruhe einkaufen gehen oder man geht mal auf die Sonnenbank. Das kann ich überhaupt nicht machen, nicht mal für eine Stunde. Und einen Babysitter, den muss man eben auch bezahlen können. Mein Auto habe ich letztes Jahr verkauft, es wäre nicht mehr durch den TÜV gekommen. Hier im Dorf geht es auch eigentlich ohne Auto, aber man ist eben doch angebunden und kann mit den Kindern nirgendwohin fahren.

Ich bin im Grunde den ganzen Tag mit meinen Kindern allein. Ich bin froh, wenn die Kinder so um halb neun, neun im Bett sind. Und dann sitz ich hier noch bis halb elf vorm Fernseher, und das war's dann. Ab und zu telefoniere ich. Das Telefon ist eigentlich für mich die einzige Verbindung nach draußen, wo ich mich mal unterhalten kann.

Ich muss nicht alle zwei Wochen in die Disko, aber wenigstens mal Essen gehen oder ins Kino. Es ist unheimlich schwer, jemanden zu finden, der sagt, so, ich geh jetzt mit dir weg. Die meisten sind verheiratet und sitzen abends lieber zu Hause mit ihren Männern. Am Wochenende haben alle mit ihren Familien was vor. Ich hatte mir das alles ganz anders vorgestellt, als es nun läuft: mit 25 jeden Tag und jeden Abend nur zu Hause zu sitzen. Ich habe ein Problem damit, allein zu sein, das macht mir sehr zu schaffen.

Ich bin eben total unzufrieden, und das wirkt sich natürlich auch auf die Kinder aus. Da ist diese ständige, unterschwellige Gereiztheit. Und dieses ewige Meckern bei irgendwelchen Kleinigkeiten. Und dass man die Kinder immer gleich anschreit. Vor allem, wenn sie den ganzen Tag nur rumquaken und rumbrüllen, dann bin ich sehr gereizt und flippe schnell aus.

Den Kleinen habe ich immer mehr geschont, weil er das Baby war. Aber Nicole, die ist total benachteiligt. Sie vermisst ihren Vater sehr. Manchmal denkt man dann, sie ist darüber weg. Aber zum Beispiel letzten Samstag, als er sie gebracht hat, wollte sie ihn nicht gehen lassen. Sie hat gesagt, du sollst hier bleiben und du sollst wieder hier wohnen. Mein Mann tut das dann immer ab: Nun stell dich mal nicht so an, und du musst nicht immer deinen Willen durchsetzen.

Außerdem verlangt man von ihr einfach mehr, weil sie die Ältere ist. Man kann sich um sie nicht so kümmern, wie man es müsste. Mal für sie allein da zu sein, ist eben unheimlich schwer, weil der Kleine einen Dickkopf hat. Der fängt an zu schreien und zu brüllen und schmeißt sich hier auf den Fußboden. Und dann denkt man: Hauptsache Ruhe. Und dann sagt man: Nun gib ihm das doch, damit er ruhig ist und weil man genervt ist.

Aber Nicole ist auch nicht einfach, sie gehorcht überhaupt nicht und macht, was sie will. Wenn ich sage, du kriegst gleich von mir was auf den Hintern, das interessiert sie überhaupt nicht Sie wartet dann darauf, dass sie von mir was auf den Hintern kriegt. Und irgendwann ist man so weit, dass man gleich beim ersten Ding, das sie dann macht, ausrastet und zuschlägt. Manchmal auch zu Unrecht, wenn der Kleine schrie und ich dachte, sie hat mit ihm was angestellt. Aber dann hab ich mich bei ihr auch entschuldigt.

Vor allem in der ersten Zeit nach der Trennung bin ich unheimlich schnell ausgeflippt. Es gab Zeiten, manchmal zwei Wochen lang, da hat sie nur Mist gemacht. Da hat sie jeden Tag was auf den Hintern gekriegt, auch fünfmal am Tag. Ich hab einfach nicht verstanden, warum sie so ist. Ich habe darüber auch nicht

53

weiter nachgedacht, ich bin viel zu schnell ausgerastet. Andere Mütter würden sich wahrscheinlich gar nicht so aufregen. Ich glaube, ich wäre ganz anders, wenn die Situation anders wäre. Dann wäre ich ausgeglichener und würde auch nicht alles so überbewerten.

Mein Verhalten hat mich sehr belastet. Oft saß ich dann abends hier und hab mich gefragt: Musste das sein? Ich hab mir eigentlich jeden Abend Vorwürfe gemacht, wenn es wieder so schlimm war. Und ich hab mir gesagt: Morgen machst du das anders. Aber ich hab das nicht hingekriegt, es hat nicht geklappt.

Vor einigen Wochen fing es an, dass Nicole nicht mehr in den Kindergarten wollte. Sie wollte nirgendwo mehr spielen, nicht mal mehr zum Kindergeburtstag. So kannte ich sie gar nicht.

Ich habe dann ein langes Gespräch mit ihrer Kindergärtnerin gehabt. Seitdem weiß ich, woran es liegt, ich hab mir bloß nie richtig Gedanken darüber gemacht. Ich weiß, dass sie nichts dafür kann, wenn sie so schwierig ist. Sie hat sehr gelitten unter der Situation. Sie ist auch eifersüchtig auf ihren Bruder, und das ist ja auch kein Wunder: Er kam, als sie drei war, und im selben Atemzug ist mein Mann gegangen, das ist natürlich hart für ein Kind. Seit diesem Gespräch im Kindergarten kann ich auch anders handeln, ich flippe nicht mehr so schnell aus. Es ist wesentlich besser geworden.

Gespräch mit der Psychotherapeutin Lara Gabriele Winkler vom Kinderschutzzentrum Hamburg

Cornelia Nack: *Welchen Stellenwert hat Überforderung bei den Eltern, die hier zu Ihnen zur Beratung kommen?*
Lara Gabriele Winkler: Zu uns kommen Eltern, die misshandelt haben. Es kommen aber ebenso Eltern, die sagen, wir müssen etwas verändern. Wenn es so weitergeht, dann fangen wir irgend-

wann an zu schlagen. In fast allen Fällen spielt Überforderung eine Rolle.

Welche Gründe für Überforderung werden denn am häufigsten genannt?
Einmal die Mehrfachbelastung von Frauen. Bei vielen berufstätigen Müttern, vor allem auch bei allein erziehenden Frauen, besteht die Überforderung darin, die verschiedenen Lebensbereiche miteinander zu verbinden. Das bedeutet oft, den Großteil des Tages unter Spannung und Fremdbestimmung zu stehen. Dazu kommen die hohen Ansprüche, die Mütter an sich selbst stellen und die immer wieder auch ein schlechtes Gewissen hochkommen lassen. Als Mutter 100-prozentig zu sein, mit sauberen, ausgeglichenen, satt gegessenen Kindern, die ihre Schularbeiten schon gemacht haben, diesen unausgesprochenen Ansprüchen zu genügen, setzt Frauen unheimlich unter Druck.
Überfordert fühlen sich aber ebenso Frauen, die zu Hause und viel mit den Kindern alleine sind. Den Haushalt schmeißen, die Kinder fördern, sie hierhin und dahin bringen. Und abends kommt der Mann nach Hause, und sie muss dafür sorgen, dass er seine Ruhe hat. Wenn die Kinder dann noch mal nerven, ist das Maß voll. Hier spielt mangelnde Anerkennung eine große Rolle. Ganz viele Frauen leiden unter dem Gefühl, ihr Zuhausesein rechtfertigen zu müssen. Wenn sie schon nicht berufstätig sind, müssen sie aber auch den Haushalt jeden Tag auf den Kopf stellen. Es ist ja nicht nur so, dass das, was Mütter und Hausfrauen tun, von außen nicht honoriert wird, sondern sie tun es selbst nicht. Dieses »Ich kann tun, was ich will, aber es ist schlecht, es reicht nicht«, das hören wir sehr oft. Das mangelnde Gefühl dafür, etwas zu können und etwas bewegt zu haben, das ist ein ganz großes Frauenproblem, auch von berufstätigen.

Und diese Überforderung, die mit einem Minderwertigkeitsgefühl einhergeht, mündet dann in Aggressionen gegen die Kinder?
Ja, klar. Die Kinder spiegeln die eigene Einschätzung gut. Die sagen nicht: Mama, das hast du gut gemacht, sondern die stehen

hinter der malochenden Mutter und sagen: Ich will aber jetzt das und das, nie hast du Zeit für mich, du hast mir aber versprochen ... Das bringt das Fass zum Überlaufen.

Wie lässt sich dieses Problem lösen?
Wir arbeiten viel damit, Dinge bewusst zu machen. Stimmt das eigentlich, dass ich den ganzen Tag nichts geschafft habe? Und was heißt das für mich, den ganzen Tag schaffen zu müssen? Welche Muster liegen dem zugrunde, sich unzureichend zu fühlen? Viele Frauen erkennen dann, dass vieles, an dem sie immer wieder scheitern, etwas ist, das sie in ihrer Kindheit gelernt haben. Und was als Prägung heute das eigene Verhalten bestimmt. Da ist ein Wust von inneren Botschaften, die zu überhöhten Ansprüchen an sich selbst führen, ohne eine realistische Basis zu haben. Es ist wichtig, herauszubekommen: Das ist nicht meine individuelle Unfähigkeit, sondern vieles hat mit den Lebensbedingungen zu tun, vieles hat damit zu tun, wie wir unsere Mütter wahrgenommen haben und was wir von unseren Müttern gelernt haben über das Mutter- und Frausein. Dazu kommt auch ein Wertewandel, denn was für meine Mutter wichtig und richtig war, muss nicht mehr für mich gelten.
Wir gucken sehr genau, wo liegen die Stärken der Mütter? Sehen sie überhaupt, was sie alles schaffen und wie gut sie alles in der Hand haben? Sich darüber bewusst zu werden, ist sehr entlastend und bewirkt oft schon eine Verhaltensänderung gegenüber den Kindern. In diesem Zusammenhang stellt sich natürlich auch die Frage nach der Rolle und Präsenz des Mannes – als Vater und, wenn er in der Familie lebt, als Partner der Mutter. Wo und wie beteiligt er sich aktiv am Zusammenleben? Ist er wirklich anwesend, wenn er da ist? Bejaht er sein Vatersein, sein Partnersein? Ist ihm bewusst, wie wichtig er ist?

Auf viele äußere Belastungsfaktoren, wie zum Beispiel Arbeitslosigkeit, kann man oft selbst nur begrenzt Einfluss nehmen.
Ursache von Überforderung sind häufig äußere Dinge, aber was dann direkt wirkt, ist ja oft die innere Abwertung, das Sich-abge-

wertet-Fühlen, auch das Nicht-zu-sich-stehen-Können. In einem Beratungsgespräch wird es darum gehen, dies bewusst zu machen. Und nach Möglichkeiten zu suchen, die Zeit, die man jetzt zwangsläufig hat, zu nutzen, anstatt den ganzen Tag darüber nachzudenken, warum man damals diesen Beruf und nicht einen anderen gewählt hat.

Die Alltagsanforderungen belasten Eltern in besonderem Maß, viele Familienkonflikte werden darauf zurückgeführt. Wie können sich Eltern Entlastung schaffen?

Die Arbeitsbedingungen sind für Eltern zum Teil katastrophal, und andere Bedingungen wie etwa die Wohnverhältnisse auch. Wenn sie nicht zu ändern sind, ist es oft schwer, Eltern zu raten. Aber ich würde die Bedingungen auch genau prüfen, ob sie nicht doch zu ändern sind. Vielleicht kann ich in eine andere Abteilung mit besseren Bedingungen versetzt werden? Brauche ich den Job, für den ich dreimal die Woche nach München fliegen muss? Will ich unbedingt dieses Auto fahren, für das ich mich krumm legen muss? Eine ganz wichtige Rolle spielt auch die Art und Weise, wie wir die Freiräume nutzen, die wir für das Familienleben zur Verfügung haben. Vielen Menschen fällt es schwer, innerlich mit der Arbeitswelt abzuschließen und die Stimmung zu wechseln.

Jeder von uns besitzt zwei Persönlichkeitsaspekte, den »inneren Erwachsenen« und das »innere Kind«. Zum Bereich des »inneren Kindes« gehört Spaß zu haben, spontan zu sein, Gefühlen nachzugeben, plötzlich wegzuträumen, auch von etwas abgeneigt zu sein. Im Berufsleben werden immer die Teile des »inneren Erwachsenen« gefordert, zum Beispiel gewissenhaft und effektiv zu sein, zielorientiert, anpassungsfähig und durchsetzungsbereit zu sein. Diesen Anforderungen zu genügen, klappt natürlich nicht immer reibungslos, und dann entsteht Frustration. Dazu kommen stressige Bedingungen wie Zeit- und Leistungsdruck. Obendrein treiben wir uns noch selber an: Du musst das schaffen, stell dich nicht so an, du weißt doch, was der Chef von dir will.

Um hier wieder Entspannung zu finden, muss der Bereich des »inneren Kindes« zu seinem Recht kommen. Aber das funktioniert bei vielen nicht, weil sie nach Hause kommen und sofort anfangen aufzuräumen, alles wegzuschaffen, was liegen geblieben ist, die Schularbeiten der Kinder zu kontrollieren.

Weil sie nicht aufhören können, sich wie ein Hamster im Rad zu drehen?
Genau. Dann kommt ein Kind und fragt, machst du mir eine Tasse Kakao oder liest du mir was vor, und man explodiert: Das soll ich jetzt auch noch machen, du siehst doch, wie ich hier schufte! Es geht darum, innezuhalten und sich zu fragen: Was ist jetzt wirklich wichtig für mich, damit ich mich wieder gut fühlen kann, damit ich aussteigen kann aus diesen Zwängen? Wo wäre ein Freiraum, den ich ganz für mich allein oder mit meinem Partner nutzen kann? Welche Aktivitäten kann ich mit der Familie, mit den Kindern zusammen genießen?
Es geht auch darum, sich selber freundschaftlicher, liebevoller, nachsichtiger zu betrachten. Dann kann man auch anderen gegenüber gelassener sein. Aber das muss man wieder lernen: in sich hineinzuhören und sich auch zuzutrauen zu sagen, wenn ich diesen Haufen Chaos jetzt nicht wegräume, wird die Welt nicht untergehen. Jetzt wäre ein möglicher Anfang, gleich zwei Tassen Kakao zu machen. Eine für mein Kind, eine für mich.

Fehlt uns nicht oft der Anstoß, aus diesem Alltagsstrudel herauszukommen?
Man kann die Familiensituation zum Beispiel fassbar machen, indem man Abmachungen trifft: Wenn wir nach Hause kommen, setzen wir uns erst mal hin und erzählen, was jeder so erlebt hat, und dann machen wir was Schönes zusammen. Ein Anstoß sind auch die Ideen der Kinder, von denen man sich faszinieren lassen kann. Ihre Bedürfnisse, von denen man sich leiten lassen kann. Kinder sind so nahe dran an dem, was gerade heilsam ist. Und das zu erschließen, indem man sich ihnen zuwendet und wirklich im Kontakt ist, sie wirklich sieht – und nicht nur die Ideale und Ziele, die man im Kopf für sie gesammelt hat –, das verändert viel. Das macht es auch wieder lebendig und fließend. Vielleicht sieht die Wohnung

dann nicht mehr so blank aus, aber das Leben fühlt sich anders an.

Vieles könnte also leichter sein, wenn wir erkennen, dass Kinder und Eltern im Grunde dasselbe brauchen?
Ja, und da ist auch das schlechte Gewissen, das wir unseren Kindern gegenüber empfinden, oft so ein großes Hindernis. Wenn Eltern zum Beispiel den ganzen Tag weg waren und zu Hause kommt das Kind und freut sich und will etwas von ihnen, aber es ist noch so viel zu tun, dies und das muss erledigt werden, dann löst das Bedürfnis der Kinder nach Fürsorglichkeit und Zuwendung bei Eltern auch Schmerz aus und Hilflosigkeit und Abwehr. Die Überforderung besteht zu einem Teil ja auch darin, dass Kinder uns in unseren Schwächen und Defiziten sehr zielsicher treffen können, ohne es zu wollen.
Wenn die Mutter herumhetzt und das Kind sitzt traurig da und sagt: Nie hast du Zeit für mich, dann ist das oft wie ein Schlag in die Magengrube. Man fühlt sich ertappt und will es nicht wahrhaben: Hau ab damit, das tut mir weh. Ich will mit Bedürftigkeit nicht konfrontiert werden, denn ich bin selbst bedürftig. Eigentlich hätte ich vieles im Leben ganz anders, viel mehr Zeit und Möglichkeiten, das Leben mit meinem Kind zu genießen, statt dass es den ganzen Tag in irgendeiner Krippe sitzt. Dies ist eine Stelle, an der Eltern dann eskalieren.

Viele Eltern fühlen sich auch überfordert von der Aufgabe, ihre Kinder zu erziehen und auf das Leben vorzubereiten.
All die Ratschläge, die Bücher und Vorträge von Profis – ich denke, das ist für Eltern oft verwirrend und auch schwächend, wenn es bedeutet, von sich wegzugehen. Wenn Eltern wirklich in Kontakt sind mit ihren Kindern, ist eigentlich alles da, was Kinder brauchen. Dann braucht man keine Profis und großartigen Ratschläge über Gesprächsführung mit dem Kind. Aber das ist etwas sehr Unspektakuläres. Es gibt viele Theorien, die sich anhören, als würde dabei mehr herauskommen. Aber es kommt wirklich nur darauf an, eine Zeit lang ganz da zu sein, mit der ganzen Person, mit Aufmerk-

samkeit und auch mit Begeisterung für dieses einmalige Kind, das man da vor sich hat.

Oft betrachten Eltern ihre Kinder von einer funktionalen Seite: Was mache ich, damit aus meinem Kind was wird? Ich denke, Eltern sollten mehr abrücken von all den Zielen und Bildern, denen die Kinder entsprechen sollen. Wenn ich bereit bin, mein Kind kennen zu lernen mit seinen Qualitäten und seiner Einzigartigkeit, kann ich auch mehr Vertrauen zu seinen Fähigkeiten entwickeln. Da entsteht Achtung und sogar Stolz, ganz abgesehen davon, dass es in der Situation selbst ja auch ein Vergnügen ist.

Scheuen sich Eltern, Hilfe zu suchen, wenn Überlastung und Konflikte eskalieren?

Sich jemandem zu offenbaren, wenn man fürchtet, als Versager dazustehen, fällt oft schwer. Zum Beispiel als allein erziehende Mutter zu sagen: Ich fühle mich einsam, es ist nicht die größte Erfüllung, mit zwei Kindern täglich und nächtlich zusammen zu sein, da meint man schon die Frage zu hören: Sie lieben wohl Ihre Kinder nicht? Sonst würden Sie nicht nach Abwechslung lechzen! Diesen Versagensstempel aufgedrückt zu kriegen, das wird von Müttern oft vorweggenommen. Es besteht dann die Gefahr, dass sie oder auch ganze Familien, in denen es nicht ganz glatt geht, sich in eine Isolation begeben, die häufig wie eine Selbstbestrafung wirkt: Ich hab das hier nicht so im Griff, wie ich es haben sollte, deshalb bin ich schlecht und darf auch mit anderen keinen Spaß haben. Alte Bestrafungsmuster aus der Kindheit entfalten hier oftmals noch ihre Wirkung.

Eltern müssen ermutigt werden, mit diesen Problemen herauszu-gehen aus der Isolation. Nicht allein versuchen, sich durchzubeißen, den Kindern eine zu scheuern, damit es weitergeht, sondern sich öffnen, mit anderen Eltern reden. Sehr wichtig ist für Mütter auch eine gute Freundin, mit der sie sich aussprechen und mit der sie Spaß haben können. Auch die Beratungsstellen haben sich sehr geändert. Da sitzt nicht mehr die Fürsorgerin wie eine Drohung im Raum, sondern da sind ausgebildete Therapeuten mit einem großen Hintergrundwissen, und fast alle haben eigene Elternerfahrungen.

Um etwas zu verändern, müssen Eltern zuerst anerkennen: So verhalte ich mich immer wieder. Oft verringert sich die Belastung schon in dem Moment, wo Eltern hierher kommen und erzählen: So eskaliert es bei mir immer wieder. Damit herausrücken und nicht mehr den äußeren Schein aufrechterhalten: Bei uns ist alles bestens. Aber innerlich kracht und knirscht es überall. Wer diesen Schritt geht, merkt schnell, dass alles aussprechbar ist, ohne dass die Welt zusammenbricht, und dass kaum jemand diese Gefühle von Überforderung nicht kennt. Das schafft eine solche Erleichterung, dass wir beim nächsten Gespräch hören: Es ist schon viel besser geworden.

Hohe Erwartungen, tiefe Enttäuschungen

Immer mehr Singles, immer mehr Kinderlose, immer mehr Ehescheidungen – dieser Trend ließ auch immer häufiger die Frage auftauchen: Ist die Familie am Ende? Nicht mehr zeitgemäß? Ein auslaufendes Modell? Eine Vielzahl von Sozialwissenschaftlern hat sich inzwischen mit dem Thema befasst und kann Entwarnung geben: Trotz der »Pluralisierung der Lebensformen«, die jedem Mann und jeder Frau zubilligt, mit und ohne Partner, Trauschein und Kindern glücklich zu werden, ist die Familie für die große Mehrheit die bevorzugte Form des Zusammenlebens geblieben. Von allen Kindern unter 18 Jahren wachsen noch immer über 80 Prozent bei ihren beiden leiblichen Eltern auf.[27] Empirische Untersuchungen zeigen, dass die Mehrzahl der Singles, Alleinerziehenden und Kinderlosen diese Lebensformen nicht bewusst als Alternative gewählt und »eher als verhinderte Eltern-Familie zu gelten hat«[28]. Auch bei den Jugendlichen rangiert die Gründung einer eigenen Familie nach wie vor ganz oben auf dem Wunschzettel fürs Leben, gleich hinter dem beruflichen Erfolg.

Betrachtet man die Entwicklung der Familie in den letzten 200 Jahren, so zeigt sich, dass sich das Zusammenspiel der Familienmitglieder und besonders die Funktion der Kinder gewaltig verändert haben. Gewandelt haben sich damit auch die Erwartungen, die Eltern an die Nachkommen richten.

Das ganze Mittelalter hindurch bis weit ins 18. Jahrhundert hinein wuchsen Kinder in einer großen Hausgemeinschaft heran, die zugleich Wohnung und bäuerliche oder handwerkliche Produktionsstätte war. Weder die Mutter, die mit vielfältigen Aufgaben in Haus und Betrieb ausgelastet war, noch die anderen Mitglieder der Hausgemeinschaft hatten Zeit und Interesse, sich mit dem Nachwuchs in kindgemäßer Weise zu beschäftigen. Liebevolle Zuwendung wird es zwar auch unter dem Dach der großen Haushaltsfamilie gegeben haben, doch Gefühle standen keineswegs an erster Stelle im familiären Wertesystem. Sie mussten sich stets dem Hausinteresse der wirtschaftenden Gemeinschaft unterordnen. Kinder, das waren über viele Jahrhunderte vor allem zukünftige Arbeitskräfte, die früh in die Erwachsenenwelt hineinwuchsen, die kräftig mit zupacken und später die Altersversorgung der Eltern sicherstellen mussten.

Mit der industriellen Revolution und der Trennung von Wohnung und Arbeitsplatz war das Ende der großen Hausgemeinschaft gekommen. Zwar leisteten Kinder in Lohnarbeiter- oder Bauernfamilien nach wie vor einen wichtigen Beitrag für Familieneinkommen und Alterssicherung, doch dies galt für das erstarkende Bürgertum immer weniger. In der bürgerlichen Kleinfamilie erhielten Kinder dadurch eine ganz neue Bedeutung. Liebe hieß hier das Band, das die Generationen miteinander verknüpfen sollte.

Durch die Sozialgesetzgebung und Rentenversicherung haben Kinder formell endgültig als wirtschaftliche Stütze ihrer Eltern ausgedient. Ihren »Wert« bestimmen heute ganz andere, nämlich ideelle, emotionale Gesichtspunkte: Kinder geben dem Leben Sinn in einer Welt, die sich uns nur allzu oft in kühler, unpersönlicher Sachlichkeit präsentiert. Kinder vermitteln uns das Gefühl, wirklich gebraucht zu werden. Von ihnen erhoffen wir dauerhafte Liebe und Nähe, eine feste Bindung, wo doch die Beziehungen zu anderen immer unverbindlicher und jederzeit aufkündbar geworden sind. Kinder sollen auch entschädigen für menschliches Miteinander oder soziale Anerkennung, die Eltern im »Leben draußen« versagt bleiben.

»Beim Kind ist man nicht bloß Rädchen im großen Funktionsgetriebe, hier ist man die geliebte und ersehnte Person. Hier ist man nicht austauschbar und durch Schnellere, Bessere, Jüngere ersetzbar. Hier kann man nicht ausrangiert und abgestellt werden«[29], formuliert es die Soziologin Elisabeth Beck-Gernsheim. Um diese Wünsche wahr werden zu lassen, ist ein reicher Kindersegen nicht mehr erforderlich, denn diese lassen sich schon mit wenigen, ja sogar nur mit einem Nachkommen verwirklichen.

Kinder sind somit zu Zentralfiguren der Familie geworden, und sie erfüllen einen Großteil der genannten Erwartungen auf oft geradezu wunderbare Weise, denn ihre Liebe stellt keine Bedingungen. Ihre Zuneigung ist frei von jedem Zweckdenken und kennt keine Verstellung. Zur Enttäuschung und zum Anlass von Konflikten werden Erwartungen von Eltern immer dann, wenn die Kinder Wünsche erfüllen sollen, die sie nicht erfüllen können: weil die Erwartungen der Persönlichkeit oder den Entwicklungsbedürfnissen des Kindes nicht entsprechen. Weil die Erwartungen sich an unrealistischen, idealisierten Vorstellungen orientieren. Und weil es Menschen auch oft schwer fällt, im Wechselspiel von Fordern und Gewährenlassen, Zusammensein- und Sich-abgrenzen-Wollen ein für alle verträgliches Gleichgewicht herzustellen.

Ähnlich ideell und emotional wie die Erwartungen an Kinder sind auch jene, die sich an die Institution Familie richten. Wirtschaftlich versorgt zu sein, eine »gute Partie« zu machen, diese Aspekte haben deutlich an Gewicht verloren. Familie ist für uns in erster Linie eine Stätte der Geborgenheit und des persönlichen Glücks, Stammsitz einer verschworenen Gemeinschaft durch dick und dünn, ein Ort zum Kräftetanken für den mühseligen Alltag und »Ankerplatz für die Gefühle«[30], denen außerhalb der Privatsphäre oft nur noch wenig Raum zur Entfaltung gewährt wird.

Diese starke Emotionalität der Beziehungen ist es, was Familie so attraktiv macht. Die zunehmende Erwärmung des Familienklimas kann jedoch auch in eine »Aufheizung des familialen Innenraums«[31] umschlagen, wenn wir erwarten, dass sich das Familienglück automatisch einstellt. »Familie« muss immer wieder aus ganz unterschiedlichen, auch gegensätzlichen Interessen ihrer Mitglieder hergestellt werden. Gute Familienbeziehungen, so der Psychologe und Elternberater Ekkehard von Braunmühl, sind die »Frucht eines komplizierten Geschicklichkeitsspiels« und können nicht »als selbstverständliche Dienstleistung der anderen erwartet, gefordert, erzwungen« werden: »Die Gegenwartsorientierung verführt zum bloßen Genießenwollen, und wenn das nicht klappt, zu Enttäuschung, Streit, Gewalt und schließlich Auseinanderstreben.«[32]

Was es den Geschicklichkeitsspielern in Sachen Familienharmonie so schwer macht, zum eingespielten Team zu werden, ist nicht zuletzt eine Zeitfrage. Einen großen Teil des Tages verbringen viele Eltern und ihre Kinder getrennt voneinander – jeder in seiner Arbeits-, Schul-, Kinderhort- oder Haushaltswelt. Die Zeitspanne für Gemeinsamkeit, für das Ausleben und Ausprobieren von Familienbeziehungen ist daher eng begrenzt.

Außerdem haben die einzelnen Familienmitglieder über den Tag hinweg ganz unterschiedliche Erfahrungen gemacht. Während der eine stundenlang Gespräche geführt hat, war dem anderen vielleicht nur stumme Zwiesprache mit technischen Geräten vorbehalten. Dieses Fehlen einer gemeinsamen Praxis erschwert einerseits das Verständnis füreinander. Andererseits sollen nun in einem kleinen Zeitraum ganz unterschiedliche Wünsche und Erwartungen umgehend und einvernehmlich erfüllt werden. Vor allem bei berufstätigen Eltern sind diese Erwartungen besonders hoch und entsprechend leicht zu enttäuschen, fand der Psychologe Harald Seehausen in vielen Gesprächen heraus. »In dem Maße, wie Eltern unter unbefriedigenden Berufs- und Arbeitsbedingungen leiden und die berufliche Sphäre relativ wenige Möglichkeiten positiver Erfahrungen bietet, richten sich starke emotionale Bedürfnisse auf das Kind – nicht zuletzt als Kompensation für die ›kalte‹, wenig emotionalen Gehalt bietende Berufswelt.«[33]

In der Freizeit sollen Kinder für Freude, Erholung und Entspannung sorgen. Sie sollen Eltern darüber hinaus vermitteln, anerkannt und benötigt zu sein. Sie sollen aber auch nicht stören, solange die Erwachsenen müde und abgespannt sind. Für Kinder ist es eine kaum lösbare Aufgabe, den »gemischten Gefühlen« der Erwachsenen nach Zuneigung und Gemeinsamkeit hier und ungestörter Ruhe dort zum richtigen Zeitpunkt zu entsprechen: Eltern fahren nicht nur aus der Haut, wenn die Kinder im falschen Moment an den Nerven zerren, Eltern reagieren auch enttäuscht und verärgert, wenn ihr Wunsch nach gemeinsamen Aktivitäten nicht erfüllt wird, weil dem Kinderprogramm im Fernsehen oder dem Spielkameraden der Vorzug gegeben wird.

Auch hier zeigt sich unsere moderne, auf zwei, drei oder vier Personen geschrumpfte Familie von einer problematischen Seite.

Denn die hohen Erwartungen, die sich an ein harmonisches und liebevolles Familienleben richten, lasten auf wenigen Personen, die im abgeschlossenen privaten Bereich miteinander auskommen müssen. Je höher diese Anforderungen (insbesondere an die Kinder) sind, desto größer ist auch die Möglichkeit von Enttäuschung, Verletztsein, Kränkung und Aggression.

Häufig wird der Ursprung der Konflikte den Beteiligten gar nicht bewusst. Es sind in vielen Fällen Interessenkonflikte, und nicht – wie die Enttäuschung uns leicht interpretieren lässt – persönliche Zurückweisungen oder gar Charakterfehler der anderen. Enttäuschte Erwartungen, die aus Interessenkonflikten herrühren, haben jedoch einen großen Vorteil: Sie sind aussprechbar in dem Moment, in dem wir erkennen, dass eine Situation Anlass der Unzufriedenheit ist. Hier fehlt es nur noch an Gesprächs- und Kompromissbereitschaft, um vielen Konflikten auf die Spur zu kommen und Lösungen zu finden, die alle zufrieden stellen.

Viel komplizierter ist es mit den Erwartungen, die sich an eine bestimmte Beschaffenheit der Persönlichkeit unserer Kinder richten. Alle Eltern haben mehr oder weniger ausgeprägte Vorstellungen davon, wie ihr Kind sein soll, wie es sich entwickeln und durchs Leben gehen soll: Unternehmungslustig muss es sein, ein Ass im Fußball. Auf keinen Fall ein Stubenhocker. Oder aufgeweckt und kontaktfreudig, bitte nicht verklemmt. Psychologen sprechen bei diesem alltäglichen Vorgang von »Delegation«: Das Kind wird mit einem Auftrag, einer Mission betraut, es wird zum Delegierten. Viel hängt davon ab, wie Kinder sich als Delegierte ihrer Eltern bewähren – ihre innere Sicherheit, ihre Selbstachtung, das Gefühl, wichtig und anerkannt zu sein.

Wenn das Kind dem Idealbild nicht entspricht und Eltern sich nicht von ihren Wunschvorstellungen trennen können, werden die Erwartungen häufig zum Ausgangspunkt von lang dauernden Konflikten. Die elterlichen Aufträge überfordern das Kind, wenn sie mit seinen Bedüfnissen und Fähigkeiten nicht übereinstimmen, und sie gefährden dann seine Entwicklung. Ein kräftiges Mädchen, dessen Mutter immer von einer zarten Elfe geträumt hat, die als Ballerina im Kinderballett eine gute Figur macht, hat gute Aussichten, als ewiger

»Trampel« den mütterlichen Ärger auf sich zu ziehen. Nicht, weil sie so ist, wie sie ist, sondern weil sie *nicht* so ist, wie die Mutter sie haben will. Die Verantwortung für eine Lösung liegt bei der Mutter: indem sie das Wesen ihres Kindes erkennt und anerkennt, nicht indem das Kind sich den Wünschen der Mutter anpasst.[34]

Oft schlummern die Motive für solche Aufträge tief verborgen in der Seele von Vätern und Müttern. Spürbar für alle Beteiligten wird nur die Zufriedenheit oder Unzufriedenheit der Eltern, je nachdem, wie gut ihre Erwartungen erfüllt werden. Viele dieser unbewussten Aufträge hängen eng mit dem Selbstbild und dem Selbstwertgefühl der Eltern zusammen. Sie möchten sich im Positiven in ihren Kindern wieder finden. Für Eltern bedeutet es auch Bestätigung und soziale Anerkennung, wenn die Kinder »gelingen«. Auf den wenigen Kindern, die heute normalerweise in einer Familie aufwachsen, insbesondere auf Einzelkindern, lastet somit ein enormer Erwartungsdruck.

Aus der Sicht des Pädagogen Thomas Gordon ist es für viele Eltern sogar zu einem »Statussymbol« geworden, »gute« Kinder zu haben, leistungsstark in der Schule, gesellschaftlich erfolgreich, tüchtig im Sport. Eltern, so Gordon, »›brauchen‹ es, stolz auf ihre Kinder zu sein, sie brauchen es, daß ihre Kinder sich auf eine Weise verhalten, die sie in den Augen der anderen als gute Eltern erscheinen läßt«[35]. Kinder sollen auch erreichen, was den Eltern im Leben selbst nicht gelang oder verwehrt blieb: körperliche Attraktivität, geistige Leistungsfähigkeit, Karriere, Reichtum, Mut, Männlichkeit, Weiblichkeit – die Aufzählung ließe sich beliebig verlängern. Je unzufriedener Menschen mit dem Leben und mit sich selbst sind, desto größer ist die Gefahr, dass ihre Kinder die Scharten im Selbstwertgefühl auswetzen müssen.

Zu Konflikten kommt es, wenn das Kind den Auftrag, meist unbewusst, verweigert oder an ihm scheitert, erklärt der Psychoanalytiker Horst Petri. »Das verbreitetste Beispiel, bei dem sich wohl auch die meiste Erziehungsgewalt entzündet, sind die Leistungsverweigerung und das Leistungsversagen.«[36] Hier ist der »Auftragsdruck« besonders hoch, denn für gute (Schul-)Leistungen lassen sich auch objektiv gute Gründe im Kindesinteresse anführen.

»So erscheint die Verweigerung und das Scheitern als das alleinige Problem des Kindes und wird entsprechend geahndet.« Dass die Kinder mit guten Leistungen sehr wohl auch ganz persönliche Bedürfnisse der Eltern befriedigen sollen, zeige sich oft erst an den dramatischen Szenen, die sich zu Hause schon bei Zensuren gleich unterhalb von »gut« oder »befriedigend« abspielten, so Horst Petri. »Die verbreitete Angst der Kinder vor dem Zeugnis und die nicht selten bis zum Selbstmordversuch oder Selbstmord gesteigerte Verzweiflung drücken unmißverständlich die Gewalt aus, die eine mißlungene Delegation entfesseln kann.«

Konfliktstoff birgt auch eine Erwartungshaltung, die Psychologen zunehmend bei der jungen Elterngeneration entdecken: Individuelle Vorhaben und Lebenspläne sollen durch die Familiengründung möglichst wenig beeinflusst oder gar verhindert werden. Denn dem Gewinn, den das Zusammenleben mit Kindern bringt, steht unzweifelhaft ein Verlust gegenüber: Kinder bedeuten auch eine Einbuße persönlicher Bewegungsfreiheit, bedeuten langjährigen Einsatz und Verpflichtung, binden viel Zeit und Aufmerksamkeit. Diese Einschränkungen der individuellen Lebensgestaltung scheinen Eltern nicht immer klar zu sein, wenn sie sich Kinderwünsche erfüllen. »Kinder erfordern auch Altruismus, innere Flexibilität und die Fähigkeit, loslassen zu können«, betont die Psychologin Claudia Clasen-Holzberg. Eltern zu sein heißt eben auch, »eigene Ziele und Pläne aufgeben zu können, ohne es den Kindern heimzuzahlen«[37].

Psychologen und Sozialwissenschaftler beklagen dagegen in den letzten Jahren immer häufiger, dass Eltern die eigene Selbstverwirklichung, den Beruf und Konsumwünsche in den Vordergrund stellen und ihre Kinder als Hindernis erleben. Besorgt registrieren sie eine Zunahme von Beziehungsstörungen zwischen Eltern und Kindern und einen Mangel an Zuwendung. Bedürfnisse und Nöte der Kinder, die in ihrem Zimmer vor überquellenden Spielzeugregalen oder dem eigenen Fernseher sitzen, werden oft gar nicht mehr wahrgenommen.

»Viele Menschen leiden unter Gefühlen von Unzufriedenheit und Depression, für die konkrete Gründe vielfach kaum auszumachen sind. Häufig wird versucht, dies mit Konsum und Statusobjekten, auch mit einer Flucht in die Arbeit hinein zu kompensieren«, bestätigt die Psychotherapeutin Lara Winkler. »Eltern delegieren heute Erziehung auch immer mehr an andere. Dadurch verbringen Eltern und Kinder weniger Zeit miteinander und machen zusammen weniger Erfahrungen. Hier wird oftmals schon eine latente Vernachlässigung sichtbar: Wenn die Kinder zum Beispiel krank werden, müssen sie trotzdem in den Kindergarten, weil die Interessen der Eltern Vorrang haben. Dies ist eine problematische Tendenz, die man im Auge behalten muss, weil sie sich auch verselbständigen kann. Denn das Maß an Fürsorglichkeit, das Kinder erfahren, prägt sie ja auch in ihrem späteren Elternverhalten.«

 Marlene (32) ist verheiratet und hat zwei Töchter, vier und sieben Jahre alt

Meine ältere Tochter war ein ganz problemloses Kind. Sie hat von Anfang an durchgeschlafen, sie hatte keine Blähungen, wir konnten sie überallhin mitnehmen. Mir war schon klar, dass es beim zweiten Mal vielleicht nicht so einfach sein würde. Ich dachte, na gut, das Kind bekommt dann halt Blähungen. Aber es kam alles ganz anders.
Ich war während der zweiten Schwangerschaft schwer krank geworden und musste darum zittern, ob ich das Kind überhaupt behalten kann. Dann kam noch Diabetes dazu, meine kleine Tochter Marie musste zum Stichtag geholt werden und wurde gleich in die Kinderklinik verlegt. Sie war auch so schlapp und hatte eine Magensonde, sie ist ziemlich gequält worden mit dem Blutzuckermessen. Es war furchtbar. Ich denke, da fehlte bei ihr schon dieses Urvertrauen. Und ich habe gar nicht richtig die Möglichkeit gehabt, sie kennen zu lernen, mit Rooming-in im Krankenhaus wie beim ersten Kind.
Das ganze erste Jahr hat sie nur geschrien, rund um die Uhr. Ich musste alles mit einem schreienden Kind auf dem Arm machen, staubsaugen, kochen, putzen. Einkaufen war eine Tortur.

Wenn ich eine Freundin besucht habe, musste ich nach einer Weile wieder gehen, denn das Geschreie konnte ja niemand auf Dauer aushalten, und dann saß ich wieder allein zu Hause. Meine große Tochter war völlig fertig, weil sie natürlich zu kurz kam. Sie ist auch bestimmt öfter mal ungerechtfertigt angeschrien worden, weil ich so ein Nervenbündel war. Ich habe sehr viel geweint und war permanent übermüdet. Ich war nicht mehr ich. Ich hab nicht mehr existiert. Ich habe den Stubenwagen ganz hinten ins Badezimmer gestellt, alle Türen zugemacht und in der Küche das Radio aufgedreht. Dann habe ich auf die Uhr gesehen und gesagt: Eine halbe Stunde, eine halbe Stunde! Gleichzeitig hatte ich ein schlechtes Gewissen, weil ich nicht da hinten bei ihr war. Aber ich konnte es nicht mehr ertragen. Auch heute, wenn ich bei Freunden bin und deren Babys schreien höre, kriege ich immer noch so etwas Gehetztes; das hat sich in meinem Gehirn verfestigt. Das ist das Trauma.

Marie ist auch sehr viel krank gewesen, im ersten Jahr hatte sie neun Mittelohrentzündungen, Lungenentzündung, Bronchitis und Windpocken. Da ist klar, dass ein Kind nicht ausgeglichen sein kann. Und die Mutter auch nicht. Wir hatten beide keine Chance, aufeinander zuzugehen. Ich war enttäuscht über dieses Kind. Warum konnte sie nicht auch so ein Sonnenschein sein wie das erste? Ich hatte die Erwartung, dass sie so sein möge wie ihre Schwester, eben einfach und pflegeleicht.

Ich war enttäuscht, dass ich kein beglückendes Stillerlebnis hatte. Marie hat fast nichts gegessen, wollte nicht gestillt werden, wollte keine Flasche, hat schon vom dritten Lebensmonat an alles vom Löffel gegessen, weil es nicht anders ging. Sie ließ sich von niemandem beruhigen, auch nicht von mir. Das war so eine persönliche Zurückweisung. Es konnte sich auch nie etwas aufbauen. Mit ihr konnte man einfach nicht schmusen wie mit Franziska. Sie ist nie auf meinem Arm eingeschlafen, sie war auch später immer zu unruhig, um auf meinem Schoß zu sitzen und sich anzukuscheln. Nicht mal beim Trösten hat man so ein Kuscheln gehabt, sie hat dann kurz geweint und ist schon wieder abgezischt.

Ich war auch von mir enttäuscht, dass ich es nicht besser schaffe. Ich habe gedacht: Warum klappt das alles nicht, es hat doch beim ersten Mal geklappt? Was machst du falsch? Sonntags hab ich ganz oft heulend auf dem Sofa gesessen und zu meinem Mann gesagt: Ich will das Kind nicht mehr! Gib sie weg, du kannst sie zu Pflegeeltern geben! Dann hab ich die ganze Nacht wach gelegen, weil ich ein schlechtes Gewissen hatte, dass ich so denken konnte. Und ich habe wirklich angefangen, sie zu hassen. Es hat sich keine Liebe aufgebaut. Ich konnte Marie nicht annehmen und keine positiven Seiten an ihr sehen. In dieser Situation habe ich das erste Mal nachempfunden, wie es zustande kommt, dass man sein Kind prügelt. Du kommst so an Grenzen von dir selber, du ahnst überhaupt nicht, dass es diese Grenzen gibt in deiner Person. Die Wut kommt dann blindlings, und wenn du dich nicht beherrschen kannst, passiert es eben schnell. Im Nachhinein wundert es mich, dass es mir trotzdem nicht passiert ist. Ich habe gedacht: So weit lässt du es nicht kommen. Ich habe Marie manchmal ins Bett gepfeffert oder auf dem Wickeltisch etwas härter aufgelegt, aber weiter ist es nie gegangen. Als sie zehn Monate alt war, bin ich auf andere Weise ausgerastet. Ich habe im Badezimmer alles, was nicht niet- und nagelfest war, kaputtgeschmissen, die Türen geknallt, dass sie Risse bekamen, und gebrüllt. Dann bin ich heulend zusammengebrochen. Es musste sich etwas ändern. So konnte es nicht weitergehen.

Ich habe mich dann um eine Mutter-und-Kind-Kur bemüht und bin mit beiden Kindern für vier Wochen in den Schwarzwald gefahren. Das war meine Rettung. Dort war eine ganz tolle Erzieherin und Kinderpsychologin und auch eine Psychologin für mich, die uns sehr geholfen haben. Es ist extra jemand für Marie abgestellt worden, der den ganzen Tag mit ihr spazieren gegangen ist und sich um sie gekümmert hat. In den ersten zwei Wochen konnte man immer rund um das Heim ein schreiendes Kind hören. Das mochte ich denen gar nicht zumuten, aber die haben gesagt: Gehen Sie mal, wir machen das schon. Und dann plötzlich, da hatte sie begriffen, ich komme wieder, ich verlasse sie nicht. Von da an ging es bergauf, und sie hat sich wohl gefühlt und auch viel weniger geweint.

Während der Kur hat sich herausgestellt, dass meine Erwartung an Marie und meine Enttäuschung über sie sehr viel mit mir zu tun haben, mit meinem Bild von mir selbst. Ich bin auch ein Schreikind gewesen, und ich war immer ein sehr problematisches Kind. Eins, das nichts hingenommen hat, das immer erst mal nein gesagt und alles hinterfragt hat. Für meine Eltern war ich immer die Schwierige, Komplizierte, die überall aneckte. Die deshalb nicht so angenommen wurde, auch später von anderen nicht. Ich war einfach kein nettes Kind, weil ich so kompliziert war. Das hat man mir oft vermittelt. So habe ich mich auch als Erwachsene empfunden, obwohl ich durch meinen Beruf und meinen Freundinnenkreis ein positives Feedback bekommen habe, sehr positiv sogar. Aber das habe ich nicht gesehen, ich hatte immer Schwierigkeiten mit meinem Selbstbewusstsein.

Mein erstes Kind war so süß und lieb und leicht zu lenken. Jeder hatte Franziska gern. Das war für mich auch ein Triumph: Du hast es geschafft, ein Kind zu kriegen, das beliebt ist und nicht so wie du. Und dann kriegst du als zweites Kind ein Spiegelbild. Eine, die auch so verquer ist und nichts hinnimmt. Das ist hart, bis heute hart. Da war diese Befürchtung: Oh Gott, noch so ein schwieriges Kind, das nimmt auch keiner an, das will auch keiner! Warum konnte sie nicht glatter sein? Für mich galt immer, ein glatter oder einfacherer Mensch ist auch ein beliebterer Mensch. Es ist mir erst während der Kur bewusst geworden, was ich mir gewünscht habe: klare, selbstbewusste Kinder, die automatisch beliebter sind und mehr geliebt werden.

Ich musste lernen, mich anzunehmen, erst dann konnte ich auch Marie annehmen. Mit der Psychologin habe ich daran gearbeitet, dass ich mich selbst, so wie ich bin, als gut betrachten kann. Mit allen Ecken und Kanten, mit meinen ganzen Charaktereigenschaften. Ich wurde auch ermutigt, Marie mit Abstand zu sehen und ihre guten Seiten wahrzunehmen. Dass sie früh laufen und sprechen konnte, dass sie selbständig war. Ich glaube, ich habe mein ganzes Leben lang nicht so viel geheult wie in diesen vier Wochen, aber auch oft vor Erleichterung. Weil ich mich so gut aufgehoben fühlte und endlich echte Hilfe bekam.

Nach der Kur, als sich alles etwas gesetzt hatte, habe ich eigentlich erst richtig angefangen, Marie neu kennen zu lernen, sie mit anderen Augen zu sehen. Das kam so schleichend. Einmal, als wir im Sommer im Garten waren und sie da ganz nackt angedackelt kam, habe ich gedacht, ach, sie ist wirklich eine Zuckermaus. Da habe ich so richtig dieses Feeling gehabt, das ich schon vor einem Jahr erwartet hatte. Ich war auch entspannter und hatte endlich klare Verhaltensrichtlinien erhalten, das hat mir viel Sicherheit gegeben.

Ich weiß heute, dass ich mit Marie konsequent sein muss. Ich darf sie nicht an den Maßstäben messen, die für meine ältere Tochter gelten. Ich muss sie als Marie sehen und nicht als Franziska. Das bedeutet, ihr immer wieder Grenzen zu setzen. Schon morgens geht es los mit Zähneputzen und welche Zahnpasta genommen wird und welches Brot zum Frühstück gegessen wird und welche Socken angezogen werden. Und es endet abends damit, welches Nachthemd es sein soll. Also, es gibt den ganzen Tag Diskussionen um alles, und ich muss bei allem stark bleiben. Das ist schwer, das ist sehr anstrengend. Aber ich werde auch belohnt für die Kraft, die ich in den letzten Jahren da reingesteckt habe. Sie ist absolut beliebt und hat keine Probleme im Kindergarten, auch wenn die Kindergärtnerinnen sagen, dass sie immer gern ihren Willen durchsetzen möchte. Aber sie ist kein aggressives, sondern ein lebenslustiges Kind, und das finde ich toll.

Gespräch mit dem Diplompsychologen
Dr. Thomas Kahl

Cornelia Nack: *Familienleben kann ganz schön frustrierend sein, wenn Wünsche und Erwartungen nicht erfüllt werden. Lässt sich das überhaupt vermeiden?*

Thomas Kahl: Das lässt sich nicht vermeiden. Enttäuschungen, Frustrationen und Auseinandersetzungen gehören einfach zum Leben dazu, denn das Kind ist ja nicht ein programmierbarer Computer, der entsprechend den jeweiligen Erwartungen gerade das macht, was die Eltern sich wünschen. Oft formulieren Eltern ihre Erwartungen ja noch nicht einmal, sondern sie haben irgendwas im Hinterkopf, und das Kind hat was völlig anderes im Hinterkopf. Ich denke, es ist die normalste Sache der Welt, dass Elternerwartungen von Kindern durchkreuzt werden. Eher ist die Vorstellung problematisch, dass die Erwartung vom Kind erfüllt werden müsste. Was Eltern eigentlich von vornherein wissen müssen, ist, dass Erwartungen und Wünsche immer wieder auseinander klaffen und dass man darüber nicht böse sein darf. Das fällt Eltern aber oft so schwer zu akzeptieren. Ich denke auch, dass die Erwartungen, die Eltern an das Familienleben haben, häufig unrealistisch sind.

Weil man sich Gleichklang im Familienleben wünscht und enttäuscht ist oder sich sogar zurückgewiesen fühlt, wenn die Kinder nicht mitziehen.

Ich möchte sagen, wenn Kinder ihre Eltern zurückweisen, geschieht das oft zu Recht, weil Kinder ihren eigenen Freiraum brauchen: Nun lass mich doch endlich mal in Ruhe, rede mir nicht immer in meinen Kram rein! Wie sollen denn Kinder heute Freiräume finden? Der Tagesplan von Kindern ist oft von morgens bis abends mit Terminen voll gepackt. Im Kindergarten, im Hort, im Kindertagesheim oder wo immer sie von Erwachsenen beaufsichtigt und betreut werden, immer müssen sie auf andere reagieren. Wichtig ist ein Raum, wo sich die Kinder für sich entwickeln können, wo sie auch lernen können, sich mit sich selbst zu beschäftigen. Wir haben so viele elektronische und technische Medien, von denen man sich beschäftigen lassen kann, dass Beschäftigung aus einem selbst heraus kaum noch kommt.

Ein anderer wichtiger Punkt ist der, dass sehr viele Eltern sich heute fast selbstverständlich ihre materiellen Wünsche erfüllen können. Wenn sie irgendwo einen Gegenstand sehen, wird er gekauft. Es liegt dann die Erwartung nahe, wenn ich ein freundliches Lächeln haben möchte, hat das Kind das auch zu liefern. Wenn ich einen bestimmten Wunsch an das Kind habe – ich will vielleicht jetzt mit ihm toben –, muss das Kind auch dazu bereit sein.

Wie können denn Eltern mit Konflikten umgehen, die sich aus enttäuschten Erwartungen ergeben?

Wenn Kinder zu mir in die Praxis kommen, um Therapie zu erhalten, dann stelle ich meistens fest, dass es in der Familie keine guten Modelle für die Lösung von Konflikten gibt. Konflikte werden unter den Tisch gekehrt. Oder es wird geschmollt, es gibt eisiges Schweigen. Die Konflikte werden nicht ausgetragen, so dass man weiß, woran man ist. Häufig werden Konflikte auch nicht vor den Kindern ausgetragen, sondern man versucht sie rauszuhalten und vermittelt damit den Kindern das Gefühl, als dürften Konflikte nicht sein. Wie sollen die dann lernen, ihre eigenen Interessen zu vertreten oder auch die berechtigten Interessen von anderen zu überprüfen? Ich denke, wir leben in einer Gesellschaft, zu der Konflikte gehören, und Kinder brauchen Anregungen und Vorbilder, um damit umzugehen. Meine Idee ist weniger, Konflikte zu vermeiden, sondern zu lernen, mit ihnen fair umzugehen.

Also auch Enttäuschung zu formulieren, wenn Erwartungen nicht erfüllt werden?

Natürlich. In dem Moment, wo ich sage: Jetzt bin ich aber enttäuscht, kann mir ja klar werden, welche Erwartung ich hatte. Das ist der erste Schritt: innezuhalten und zu sagen, Augenblick mal, es gibt ja auch meine Seite dabei. Die meisten Erwartungen, die Eltern an Kinder haben, sind ihnen zunächst gar nicht bewusst. Sie merken eigentlich erst, dass sie eine Erwartung hatten, nachdem es zum Konflikt gekommen ist. Sie prüfen aber nicht, wieso sie eigentlich meinen, dass das Kind so und nicht anders reagieren sollte. Und sie sehen nicht, dass sie an dieser Enttäuschung zum Teil selber schuld sind, indem sie etwas ganz Bestimmtes erwarteten.

Wie können Eltern nun mit ihren Erwartungen umgehen? Der zweite Schritt besteht darin, sich über die vielen Seiten, die mit einer Erwartung verbunden sind, Gedanken zu machen. Normalerweise gehen die Eltern davon aus, dass ihre Erwartungen berechtigt sind oder sogar notwendig. Sie stellen sich vor, wenn ich diese Erwartung nicht hätte, dann tritt das Chaos auf. Es gibt Scherereien und Belastungen, oder das Kind kommt in Schwierigkeiten oder zu Schaden. Da sind immer wieder ganz starke Befürchtungen bei den Eltern im Spiel.

Ich erwarte zum Beispiel, mein Kind soll pünktlich um acht zu Hause sein, weil es erst zwölf Jahre alt ist. Wenn es später kommt, habe ich Angst, ihm könnte etwas zugestoßen sein. Dem Kind kann die Zeitvorgabe helfen, seine Zeit zu strukturieren. Andererseits kann das Kind dies auch als Einengung und Bevormundung empfinden. Wenn ich mir über die Vielschichtigkeit meiner Erwartung Gedanken mache, kann ich auch anders mit dem Problem umgehen, dass das Kind sich nicht an meine Zeitvorgabe gehalten hat. Man kann darauf mit Kritik und Strafe reagieren oder mit dem Kind ruhig und besinnlich darüber nachdenken, welche Gesichtspunkte dazu geführt haben, später zu kommen. Und da kriegt man womöglich heraus, dass das Kind sehr wohl mit der Zeit und mit der eigenen Situation umzugehen vermag.

Was dann das Vertrauen in das Kind stärken würde?
Eben. In dem Moment, wo einem klar ist, was es mit Erwartungen auf sich hat, ist es auch leichter, von einer bestimmten Erwartung abzukommen und offener zu werden.

Eine andere typische Befürchtung ist die: Das Kind tut zu wenig für die Schule und verbaut sich seine berufliche Zukunft. Die Eltern erwarten dann, dass sich das Kind auf den Hosenboden setzt und paukt. Aber was dahinter steckt, wenn es das nicht tut, wird von den Eltern nicht angeguckt. Die vermeintliche Faulheit ist oft nichts anderes als eine Rebellion des Kindes gegen die Eltern, die ständig mit ganz vielen Erwartungen kommen: Kind, du musst funktionieren! Das Kind will dagegen in seiner Rebellion nur seine Freiheit und Unabhängigkeit entwickeln und will zeigen: Ich lass mir von euch nicht alles vorschreiben.

Kinder können ihre Selbständigkeit in erster Linie nur dadurch entwickeln, dass sie das Gegenteil von dem tun, was ihre Eltern erwarten. Deshalb sind Elternerwartungen so problematisch, weil Selbständigkeit bedeutet, es anders zu machen, als die Eltern es vorgeben. Es ist für die Entwicklung des Kindes notwendig, dass es Erwartungen und Vorschriften der Eltern immer wieder übertritt. Dass es etwas tut, was es nicht darf, und etwas macht, was ihm die Eltern noch nicht zugetraut haben. Dass es seinen eigenen Weg geht, und das nicht nur im abgesteckten Rahmen der Elternvorstellungen, sonst wäre es ja eine völlig abhängige Marionette. Kinder müssen ihre eigenen – und auch negative – Erfahrungen machen, anders werden sie nicht klug. Und Eltern sollten bereit sein, in das Kind Vertrauen zu setzen.

Das fällt vielen Eltern sicher sehr schwer, denn hinter den Erwartungen steht ja auch die Überzeugung, im besten Wissen das Beste für sein Kind zu wollen.

Das ist für mich eigentlich der wichtigste Punkt überhaupt: Eltern sollten sich darauf einstellen, dass die Kinder sich nicht so entwickeln, wie die Eltern es vielleicht gerne hätten. Ich denke da an einen Patienten, der nicht den väterlichen Betrieb übernehmen wollte. Der Vater hat ihn daraufhin enterbt. Dahinter steht die Erwartung der Eltern, das Kind muss genau den Weg nehmen, den sie sich vorgestellt haben. Dabei wird die Andersartigkeit, die Individualität des Kindes außer Acht gelassen. Jeder Mensch hat seine Fähigkeiten, Entwicklungsmöglichkeiten und Grenzen. Jeder Mensch hat einen ganz eigenständigen und nur für ihn sinnmachenden Weg. Das müssen wir respektieren.

Konflikte, bei denen Erwartungen eine wichtige Rolle spielen, entstehen ja nicht nur, weil Eltern das Wohl und die Zukunft der Kinder im Auge haben. Oft spielen dabei auch unbewusste Bedürfnisse eine große Rolle. Ein »gelungenes« Kind kann zum Beispiel bestätigen, als Eltern erfolgreich zu sein. Inwieweit Eltern auf so etwas Wert legen, hängt vor allem mit ihren eigenen Vorstellungen von Selbstwert zusammen. Wenn es für die Eltern wichtig ist, dass andere sie als erfolgreich und tüchtig anerkennen, dann wollen sie natürlich auch Kinder haben, die diesem Image entsprechen. Wenn für mich nicht entscheidend ist, was andere über mich denken, sondern wie ich lebe und wie ich mich dabei fühle, dann ist ein gelungenes Kind eines, das seinen individuellen Weg mit eigener Energie und Kraft tapfer geht. Leuten, die allein an diesen äußeren Kriterien orientiert sind, muss man helfen, diese Kriterien hinter sich zu lassen.

Ein großes Problem ist heute, dass Eltern immer wieder erwarten, ihre Kinder müssten super funktionieren. Das liegt auch daran, dass die Eltern mit so vielen Dingen überfordert sind. Oh Gott, wenn das Kind noch diese Problematik mitbringt, wächst mir das alles über den Kopf. Die Hauptaufgabe scheint mir heute zu sein, zu begreifen, dass wir die Dinge nicht alle in perfekter Form erledigen können, sondern dass wir zu unserer eigenen Begrenztheit und Hilflosigkeit auch stehen müssen. Es gibt keine Eltern, die alle Erwartungen der Kinder erfüllen können, und es gibt vor allen Dingen keine Kinder, die die Erwartungen der Eltern erfüllen können. Außerdem hat kaum ein junges Paar eine plastische Vorstellung davon, wie sich das Leben verändert und was es konkret bedeutet, ein Kind zu bekommen. Man muss einfach wissen, dass Kinder enorme Ansprüche stellen und auch eine große Belastung darstellen können. Man weiß ja auch nicht, was das Kind, das man in die Welt setzt, nachher an Problematiken mitbringt. Da gibt es eine Fülle von Möglichkeiten, mit denen sich Eltern vorher befassen sollten. Und wenn sie nicht bereit sind, ein in irgendeiner Weise schwieriges, vielleicht sogar behindertes Kind haben zu wollen, sollten sie lieber gleich verzichten. Sie sollten davon ausgehen, dass es so kommen kann. Dann lässt sich auch mit den Unvollkommenheiten, die jedes Kind hat, liebevoller umgehen.

Hinter Erwartungen können auch Wunschvorstellungen stecken, die die Persönlichkeit des Kindes betreffen. Eltern haben manchmal ein sehr festes Bild davon, welche Eigenschaften ihr Kind haben soll.

Die Erwartung, dass mein Kind der tolle Sportler oder das Sonnenscheinchen sein soll. Oder mein Kind soll immer glücklich sein. Damit setzen Eltern sich und auch das Kind enorm unter Druck. Denn kein Mensch kann eine bestimmte Leistung oder Stimmung permanent durchhalten. Die Erwartung, in einer bestimmten Weise sein zu müssen, wirkt sich dann auf das Kind wie ein Zwang aus.

Viele solcher Erwartungen sind, wie Sie sagen, den Eltern zunächst gar nicht bewusst. Wie kann man sich über Erwartungen klar werden, die Väter und Mütter in ihrem tiefsten Innern hegen und die ihr Verhalten nachhaltig beeinflussen?

Diese Aufgabe können Gespräche erfüllen, die Eltern mit anderen Leuten führen über das, was mit ihren Kindern läuft. Das können Freunde, Freundinnen oder Selbsthilfegruppen und Beratungsstellen sein. Im Grunde bräuchten alle Eltern einen Elternkreis, wo man sich trifft und wo ein Experte oder eine Expertin dabei hilft, den Blick für solche Abläufe zu schulen, damit man genauer wahrnimmt, was eigentlich los ist.

Wo gibt es solche Kreise?

Es gibt viel zu wenige. Manchmal bieten Volkshochschulen so etwas an. Viele Eltern nehmen solche Angebote auch nicht an; zum einen aus Zeitmangel, zum anderen ist eben immer noch viel Scheu da, zu so etwas hinzugehen. Das Gefühl ist doch immer noch sehr verbreitet, dass man mit seinen familiären Dingen möglichst bei sich und in den eigenen vier Wänden bleibt.

Vielleicht gibt es aber auch ein paar allgemeine Denkanstöße, um eigenen Erwartungen auf die Spur zu kommen?

Eine Möglichkeit besteht darin, dass sich Eltern bewusst damit befassen, wie es ihnen selbst als Kind mit ihren Eltern gegangen ist. Denn häufig sind ja die Erwartungen, die man an den Partner und die eigenen Kinder hat, eine Folge dessen, was Menschen als Kinder und Jugendliche selbst erlebt und was ihnen ihre Eltern vorgemacht haben. Wenn Eltern zum Beispiel sehr perfektionistisch sind in ihren Erwartungen den Kindern gegenüber, dann oft, weil sie selber als Kinder unter ganz besonders unordentlichen Verhältnissen aufgewachsen sind und daher ordnungsliebend wurden. Oder dass ihr eigener Vater noch die preußischen Tugenden im Blut hatte, was als ganz selbstverständliche Lebenshaltung übernommen worden ist.

Es ist sehr hilfreich, den Eltern zu sagen: Versetzen Sie sich in Ihre Situation als Kind, welche Schwierigkeiten hatten Sie mit Ihren Eltern, mit Ihren Geschwistern? Das bringt mehr Verständnis für das Verhalten des eigenen Kindes.

Eltern können sich auch die Frage stellen: Was wäre für mich das Schlimmste, das Unangenehmste, das Furchtbarste im Zusammenhang mit dem Familienleben oder dem Kind? Und dann sollte man sich überlegen: Warum wäre das eigentlich so schlimm?

Also, wenn mein Kind in der Schule versagt ...
Oder drogensüchtig wird oder klaut oder Anführer irgendwelcher »Hell's Angels« wird. Wenn Eltern sich fragen, was für sie das Schlimmste wäre, können sie viel über sich erfahren, nämlich über ihre Ängste und Befürchtungen. Interessanterweise ist es oft so, dass sich Kinder gerade dahin entwickeln und die Eltern damit konfrontieren. Wenn Eltern sagen, mein Kind darf auf keinen Fall drogensüchtig werden, dann wird es umso eher drogensüchtig.

Weil es aber wahrscheinlich vorher einem ziemlichen Bombardement ausgesetzt war!
Und wehe, du wirst drogensüchtig, und wehe, du triffst dich mit *den* Leuten! Gerade das übt natürlich einen besonderen Reiz aus. Es gibt eben viele Erwartungen im Sinne von: So darf das Kind nicht werden!

Eine Erwartung möchte ich allen Eltern empfehlen. Das ist die Erwartung, dass ihre Kinder auf ihre eigene Weise mit dem Leben fertig werden. Um dieses Zutrauen, dass das Kind weitgehend mit den Dingen – und auch mit Schwierigkeiten – zurechtkommt, sollten sich alle Eltern bemühen. Das ist etwas, was dem Kind Flügel verleiht. Das ist eine gute Erwartung. Leider ist sie so selten.

Wenn die Vergangenheit Schatten wirft

Der eineinhalbjährige Sebastian schiebt in seinem Zimmer andächtig brummend das Polizeiauto über den Teppich. »Ich gehe mal eben in den Keller und hänge die Wäsche auf«, sagt seine Mutter. »Du kannst mich ja rufen, wenn etwas ist.« Als sie nach einer ganzen Weile wieder zurückkommt, ist es still in der Wohnung. Ein wenig verdächtig still. Sebastians Zimmer ist leer. Sie ruft ihn. Keine Antwort. Sie sucht ihn. Sebastian ist im Badezimmer. Dort hat er etwas Tolles gefunden: eine neue, extragroße Dose Hautcreme. Die Hautcreme ist jetzt nicht mehr in der Dose. Sie klebt an Sebastians Händen und an seinem Pullover, am Waschbecken und an der Wand. Die Mutter nimmt das Kind, nein, sie zerrt es zu sich heran. Während sie ihm die Creme abwischt, schimpft sie. Eigentlich schreit sie. Dann nimmt sie Sebastians Hand und schlägt kräftig darauf. Sebastian geht in sein Zimmer, dort weint er. Seine Mutter macht sich daran, auch das Badezimmer von Creme zu befreien. Eigentlich versteht sie selber nicht, warum sie so wütend geworden ist. Sie hat sich verhalten, wie es sonst gar nicht ihrer Art und ihren Überzeugungen entspricht.

Wenn Eltern aus der Haut fahren, dann häufig dort, wo sie von ihren eigenen Eltern Zwang oder Strafen erfahren haben. Ansonsten liebevolle und geduldige Mütter kennen plötzlich kein Pardon, wenn ihr Kind den Kartoffelbrei auf dem Tisch verteilt oder zerbrösete Kekse auf dem Teppich. Sicher, all diese kleinen Ferkeleien zu beseitigen, macht Mühe und Arbeit. Doch hinter der ungewohnt aggressiven Strenge, mit der manche Dinge, die »man nicht tut«, geahndet werden, steckt oft mehr. Zum Beispiel Mütter, die als Kind selbst immer alles »ordentlich aufessen« mussten. Oder Väter, deren Hosen nicht schmutzig werden durften. Dass Eltern an ihren Kindern wiederholen, was sie selbst als Kinder erlitten haben, beruht auf komplizierten Vorgängen, mit denen die Seele eines Kindes auf erzieherischen Druck und gewaltsame Maßnahmen reagiert. Das Bewusstsein, ein einzelnes Wesen zu sein und einen eigenen Wert zu besitzen, ist den Menschen nicht in die Wiege gelegt, es muss sich langsam entwickeln. Schritt für Schritt entdecken Kinder, dass es eine Außenwelt gibt, die sich erobern lässt – und diese Eroberung wird von intensiven Bedürfnissen gesteuert. Sie konzentrieren sich im ersten Lebensjahr auf die Mundregion, auf das Saugen und Beißen, später auf das Berühren, Zugreifen, Nehmen. Viele herrliche Dinge hat die Welt zu bieten, die sich genüsslich zerfleddern, zerstückeln und durch die Gegend werfen lassen!

Im zweiten und dritten Lebensjahr erweitert sich der Aktionsradius beträchtlich. Laufend, rennend und kletternd bekommt das Kind einen immer größeren »Spielraum«. All diesen und weiteren Entwicklungsschritten liegen starke Energien zugrunde, die das Kind mobilisieren, seine seelischen und körperlichen Fähigkeiten zu entwickeln. Dabei stößt es aber auch zwangsläufig an Grenzen, und in der Familiengemeinschaft lernt es seine Wünsche zu lenken, angemessen durchzusetzen oder auch zurückzustellen. Die Erfahrungen, die der Einzelne bei diesem Sozialisationsprozess macht, werden ihn lebenslang prägen und auch sein Verhalten gegenüber den eigenen Kindern bestimmen.

Das Rezept, mit dem die Natur Kinder immer wieder dazu bringt, dazuzulernen, heißt Freude und Spiel. Es ist lustvoll für einen Säugling, zu saugen. Lustvoll zerkauen kleine Kinder schöne, neue Bilderbücher, und lustvoll stecken sie ihre Hände in Gemüsesuppen, Matscheimer oder die eigenen Exkremente. Aggressionen und gewaltsame Erziehungsmaßnahmen verderben diese Freude und lösen im Kind intensive Gefühle von Angst, Bestürzung und Wut, auch von Trauer und Einsamkeit aus. Um diese Gefühle zu vermeiden, verzichtet das Kind schließlich darauf, seinen Bedürfnissen zu folgen – es verdrängt sie. Die Verdrängung ist ein wichtiger Schutzmechanismus der Psyche, um dem Ansturm bedrohlicher Gefühle nicht zu unterliegen und ein seelisches Gleichgewicht wiederherzustellen. Aber Verdrängtes ist aus unserer Seele nicht entfernt und beeinflusst weiterhin unser Denken, Fühlen und Handeln.

Wer durch Tränen stets den Zorn seiner Umgebung herausfordert oder Gefahr läuft, verachtet zu werden, wird sich das Weinen abgewöhnen. Er wird sich auch später nicht mehr zu Tränen hinreißen lassen, ja, er wird in seinem subjektiven Erleben Tränen vielleicht nicht einmal vermissen: Man heult eben nicht wegen jedem Käse. So lässt das Kind Kummer gar nicht mehr an sich herankommen, denn er ist verantwortlich dafür, dass es zu dem wird, was es nicht sein darf – Miesepeter und Heulsuse. Doch die große Entsagung, mit der das Kind damals aufgab, Traurigkeit und Schmerz zu »leben«, hat in seiner Seele deutliche Spuren hinterlassen.

Als Vater und Mutter wird es Menschen mit dieser Erfahrung vielleicht schwer fallen, den eigenen Kindern in ihrer Traurigkeit ein verständnisvoller Begleiter zu sein. Das Weinen des Kindes bringt in ihnen wieder Saiten zum Klingen, die stumm bleiben mussten, um das Gebot: Weine nicht! befolgen zu können. Und die nun wieder mit »aller Gewalt« zum Schweigen gebracht werden müssen, indem man das Kind anschreit: »Hör endlich auf zu heulen!«

Aus diesem Zusammenhang heraus lassen sich viele heftige Überreaktionen von Eltern erklären, wenn Kinder im Kartoffelbrei herumspielen oder das Essen verweigern, in die Hose machen, etwas zerstören, in Unordnung bringen oder etwas »nicht können«. Es sind keineswegs immer nur die »Nerven« oder andere schnell greifbare Vernunftgründe, wenn Wut und Aggressionen über Eltern und ihre Kinder gleichermaßen hereinbrechen wie der Blitz aus heiterem Himmel. Es sind Abwehrreaktionen von Gefühlen wie Ohnmacht, Demütigung, Wut, Angst und Verlassenheit *aus der Kindheit*, die so stark waren, dass das Kind sie nicht mehr wahrhaben wollte.

In dem Augenblick, wo die eigenen Kinder auf ähnliche Weise Handlungen begehen, die damals Zorn, Strafmaßnahmen oder Verachtung der eigenen Eltern heraufbeschworen, regen sich auch die damit verknüpften Gefühle und der Widerstand, der damals nötig war, diese Gefühle zu verdrängen. All dies geschieht auf einer Ebene, die nicht das Bewusstsein erreicht. Eltern fühlen nur die Wut, die der Seele einen Ausweg bietet, die Situation zu beherrschen.

Wer die Erinnerung von stundenlangen Strafsitzungen vor halb vollem Teller oder im dunklen Keller mit all ihren bedrückenden Empfindungen in sein Erwachsenenleben mitgenommen hat, kann Kindern eine Wiederholung solcher Maßnahmen ersparen. Aber oft ist es nicht leicht, die Verbindungen zwischen Kindheitserlebnissen und emotionalen Überreaktionen im Zusammenleben mit Kindern aufzuspüren. Eltern, die sich wiederkehrend von Aggression überwältigt fühlen, sollten sich dennoch auf die Suche nach Schlüsselerlebnissen in der Kindheit machen. Die Erinnerung an vielleicht nur einzelne einschneidende Vorfälle kann den Weg weisen zu Einstellungen und Verhaltensmustern unserer Eltern, die immer wieder nachhaltig in das Zusammenleben mit den eigenen Kindern hineinfunken. Konnten wir alle Gefühle zeigen, unsere Meinung sagen, uns anerkannt fühlen? Durften wir selbständig sein, Fehler machen? Was passierte, wenn wir laut waren und herumtobten oder etwas verschwendeten wie Sebastian mit der Hautcreme? Wir alle sind von solchen – oft unbewussten – Wertungen und Verhaltensvorgaben unserer Eltern tief beeinflusst. Je unnachgiebiger und schmerzhafter sie sich uns eingeprägt haben, desto verlässlicher funktioniert auch der Automatismus, mit dem wir diese Lektionen, ohne es zu wollen, auch mit unseren Kindern durchexerzieren.

Es ist wichtig, dass Eltern sich immer und immer wieder die seelische Abhängigkeit vor Augen führen, in der sich Kinder gegenüber ihren Bezugspersonen befinden. Im täglichen Miteinander wird uns der Blick darauf oft genug verstellt, denn schon kleine Kinder erscheinen uns in ihren ungebändigten Willensäußerungen außerordentlich stabil und selbstbewusst. Eltern verkennen dadurch in vielen Situationen die überwältigende Überlegenheit, die sie aus der Sicht des Kindes besitzen. Kinder können nicht entscheiden, was richtig oder falsch, gut oder böse ist, sie übernehmen diese Wertungen von ihren Eltern – auch in Bezug auf sich selbst. Häufige Aggressionsausbrüche und gewaltsame Erziehungsmaßnahmen stürzen Kinder in eine komplexe Gefühlsmischung: böse und schlecht zu sein, verachtet und ausgestoßen. Diese Gefühle können auf das kindliche Selbstgefühl schädigend, ja vernichtend wirken. Sie gehen einher mit der Urangst, verlassen zu werden, und erzeugen Schuld- und Schamgefühle.

Schuldgefühle führen oft dazu, dass sich das Kind besonders stark mit den strafenden Eltern identifiziert. Kinder haben in den ersten Lebensjahren keine Möglichkeit zu beurteilen, ob die Erziehungsmaßnahmen ihrer Eltern angemessen und fair sind. Erziehungsgewalt erleben Kinder in ihrer Hilflosigkeit häufig als gerechtfertigte Folge ihres schuldhaften Verhaltens: Sie nehmen die Schuld auf sich und »entschuldigen« zugleich ihre Eltern. Viele Erwachsene können ein beredtes Zeugnis über diesen Vorgang ablegen, der in der Kindheit stattfand und auch im Erwachsenenleben weiterwirkt. Sie wissen detailliert über Ereignisse zu berichten, bei denen sie Schläge, Prügel oder andere Gewaltstrafen erhielten. Dennoch sagen sie häufig, dies habe ihnen »nicht geschadet«, die Strafe sei »verdient« gewesen, die Eltern hätten es »gut gemeint« oder »nicht besser gewusst«.

Wissenschaftliche Untersuchungen belegen diese Form der Verarbeitung von Gewalterlebnissen. Der Psychoanalytiker Horst Petri befragte rund 400 Personen zu ihren frühkindlichen Gewalterfahrungen, darunter auch eine Gruppe jugendlicher Strafgefangener, die deutlich mehr und massivere Gewalterfahrungen als alle anderen zu Protokoll gab. Von ihnen antwortete eine im Vergleich enorm hohe Anzahl, nämlich 43 Prozent, auf die Frage »Warum, glauben Sie, haben Ihre Eltern Sie geschlagen?« mit der Einschätzung, »weil sie mich geliebt haben« und »aus Verantwortungsgefühl«. Diese Gruppe entschied sich auch bei der Frage nach den Auswirkungen der erlebten Gewalt am häufigsten für Antworten wie »Ich fand die Schläge gerecht« oder »Es hat mir nichts ausgemacht«.[38]

Die Untersuchung zeigte aber auch, dass bei vielen Teilnehmern die Abwehrhaltung »Es hat mir nichts geschadet« schnell aufgegeben wurde, wenn sie sich erst einmal intensiver mit ihren Gewalterfahrungen in der Kindheit auseinander setzten. Für viele der Befragten, so Petri, rekonstruierte sich erst im Verlauf der Befragung die frühkindliche Situation, so dass sie am Ende den Eindruck hatten, viel öfter und schlimmer von Schlägen betroffen gewesen zu sein, als sie zu Beginn der Untersuchung angegeben hatten.

Es liegt auf der Hand, dass Menschen, die eigene Gewalterfahrungen auf eine Es-hat-mir-nicht-geschadet-Weise bewältigten, damit auch aggressive Verhaltensweisen gegenüber den eigenen Kindern leichter legitimieren können. Erschwerend kommt hinzu, dass Eltern als Vorbilder für soziales Verhalten einen außerordentlich prägenden Einfluss haben. Wer in einer Familienatmosphäre aufgewachsen ist, in der Konflikte häufig mit Gewalttätigkeit oder Herabsetzungen gelöst wurden, verfügt oftmals auch als Erwachsener nur über die am Elternmodell gelernten Formen, mit Problemsituationen umzugehen. Negative Kindheitserfahrungen begünstigen deshalb, dass Eltern in Krisenmomenten wieder auf solche Verhaltensmuster zurückgreifen.

Schuldgefühle haben auf die kindliche Seele eine tief greifende, oft lebenslange Wirkung. Sie haben ihren Platz in einer »Abteilung« der menschlichen Psyche, die dafür zuständig ist, dass wir Wertvorstellungen und Verhaltensvorschriften auch dann befolgen, wenn kein Aufpasser daneben steht: in unserem Gewissen, in der Psychoanalyse als »Über-Ich« bezeichnet. Ein Gewissen, dass sich in den ersten Lebensjahren in annehmender, liebevoller Atmosphäre entwickeln kann, gewährt im späteren Leben die innere Bewegungsfreiheit, eigene Wertvorstellungen zu entwickeln. Viele von den Eltern übernommene Anschauungen lassen sich mit einem »freundlichen« Gewissen später kritisch überprüfen, modifizieren, ganz bewusst übernehmen oder als Ballast über Bord werfen. Ein solches Über-Ich kann auch beweglicher auf gesellschaftliche Normveränderungen reagieren, es zwingt nicht zum Beharren auf dem Althergebrachten und ermöglicht Toleranz gegenüber anderen Lebenseinstellungen.

Dort wo sich Gebote und Verbote unter Schuldgefühlen einprägen, wird das Gewissen jedoch zu einer unnachgiebigen Instanz, die keine Verstöße duldet: So muss man sich benehmen und nicht anders! So muss man sein! So darf man keinesfalls sein, fühlen, handeln! Menschen, die sich auf diese Weise die Maßstäbe ihrer herrischen Eltern zu Eigen machen mussten, verlieren dadurch an Entscheidungsfreiheit und Handlungsfähigkeit, an Autonomie. Sie werden auch an ihren Kindern das »Böse« bekämpfen, das sie bei sich selbst nicht dulden dürfen, weil sie es so gelernt haben. Auch hier spielen kindliche Grundbedürfnisse eine große Rolle, die die Eltern in ihren ersten Lebensjahren mit Hilfe eines starren und mächtigen Gewissens unterdrücken mussten und an die das ungezügelte, freie, schrankenlose Wesen von Kindern später immer wieder unbewusst schmerzlich rührt.

Auch Schamempfindungen haben großen Einfluss auf die Entwicklung der Seele. Scham entsteht aus dem Gefühl, versagt zu haben, und bewirkt Selbstverachtung und Selbstabwertung. In Menschen, die in ihrer Kindheit heftige Schamgefühle erleiden, verfestigt sich eine tiefe Überzeugung, so, wie man ist, fühlt, denkt und handelt, nicht liebenswert zu sein.

Kinder, denen dieses Grundgefühl vermittelt wird, verlieren die Fähigkeit, enge, vertrauensvolle – und damit auch belastbare – Bindungen zu anderen Menschen einzugehen. Stets schiebt sich das minderwertige Selbstbild auch später immer wieder trennend zwischen sie und die anderen. Viele Menschen mit dieser negativen Selbsteinschätzung haben vor ihren Partnern und Kindern eine große Scheu, Liebe zu zeigen. Sie wagen häufig auch nicht, die Zuneigung ihrer Angehörigen für bare Münze zu nehmen. Und sie fühlen sich ausgeschlossen, wenn andere liebevoll miteinander umgehen.

Hier wird besonders deutlich, wie sich Gewaltkreisläufe über Generationen hinweg fortsetzen können. Eltern, die sich in ihrem tiefsten Innern als nicht liebenswert betrachten, fällt es nicht nur schwer, die Grundbedürfnisse ihrer Kinder nach Anerkennung und Liebe zu stillen. Widersetzlichkeiten und Ungehorsam der Kinder rühren immer wieder an das Gefühl des Unwertes, das die Eltern sich selbst gegenüber empfinden. In jedem Nichtbefolgen ihrer Anweisungen kann dann fälschlicherweise ein neuer »Beweis« dafür gesehen werden, abgelehnt und nicht geliebt zu werden. Die Folge ist, dass Eltern in Konfliktsituationen schnell die Kontrolle über Emotionen und Handlungen verlieren. Aggression stellt auch hier wieder einen Ausweg dar, aufkommende schmerzhafte Gefühle zu bewältigen.

Es ist nicht ungewöhnlich, dass Eltern, die in ihrer Kindheit Gewalt, Vernachlässigung und Trennung erfahren haben, von ihren Kindern unbewusst die liebevolle Zuneigung erwarten, die ihnen selbst vorenthalten wurde. Psychologen sprechen hier von »Übertragung« oder »Projektion«: Die Zuwendung, die Eltern sich damals vergeblich so sehr gewünscht haben, soll ihnen jetzt das Kind schenken und damit alte, unverheilte Wunden schließen. Eltern in einer solchen Situation haben durch ihre früheren Familienverhältnisse vielfach keine starke, autonome Persönlichkeit ausbilden können. Es fällt ihnen schwer, für sich selbst Verantwortung zu übernehmen.

Kinder, so die Erfahrung von Therapeuten, sind schnell bereit, die Verantwortung für ihre Eltern zu übernehmen – und damit einen Rollentausch zu akzeptieren. Sie erspüren die Bedürftigkeit der Eltern, ihre Sehnsucht nach fürsorglichen, zärtlichen, lieben Kindern, und sind zu vielem bereit, um sie glücklich zu machen. Diese Rollenumkehr kann über geraume Zeit funktionieren, vor allem, wenn das Kind darin besondere Nähe und Bevorzugung erlebt. Doch Kinder können bei all ihrer unverbrüchlichen und loyalen Liebe zu den Eltern niemals entgangene Liebe rückerstatten. Zu Konflikten kommt es immer dann, wenn sich das Kind weiterentwickelt und aus der engen Bindung zu den Eltern lösen will. Diese werden jetzt wieder mit der emotionalen Leere konfrontiert, die das Kind füllen sollte. Die natürliche Ablösung des Kindes wird als treu- und lieblos empfunden und kann in Eltern große Enttäuschungswut auslösen.

»Kinder sind immer die Träger der ungelösten Konflikte der vorangegangenen Generation«, schreibt die Psychologin Harriet Lerner. »Wir alle neigen zu intensiven und unproduktiven Aggressionen in unseren gegenwärtigen Beziehungen, wenn wir emotionale Probleme aus unseren Herkunftsfamilien verdrängen. Wenn wir solche Prozesse nicht wieder aufrollen und verstehen, können unsere Aggressionen uns in der Vergangenheit festhalten, statt uns als Ansporn und Wegweiser ... zu dienen.«[39]

Sabine (36) ist verheiratet und hat einen sechsjährigen Sohn

Mein Mann wollte unbedingt ein Kind, und er hat sich unheimlich darauf gefreut. Als dann das Baby da war, sagte er plötzlich immer häufiger: Das Kind schreit mehr, wenn *ich* es auf den Arm nehme. Vielleicht hat es tatsächlich mehr geschrien, vielleicht hat es geschrien, weil er einen Bart hat und weil es Männer mit Bart nicht mochte. Alle anderen haben sich von irgendeinem Geschrei gar nicht beeindrucken lassen. Nur mein Mann hat es auf sich bezogen. Wenn er das Kind hochgenommen hat, dann hat er es auch so fest gepackt, dass es vielleicht allein schon deswegen schrie. Es ist oft spürbar gewesen, dass er es mit der Kraft der Verzweiflung angefasst hat. Das hatte mit Gewalt nichts zu tun, aber es war eben irgendwie so eine andere Art. Das merkt ein kleines Kind sicher auch, und das steigerte sich in die falsche Richtung.
Das Kind hat wie am Spieß geschrien, und er hat es dann wieder zurückgepackt. Natürlich nicht geschmissen, aber mit so einem energischen Aufbegehren wieder zurückgepackt. Ich denke, es hat ihn ein wahnsinniges Zusammenreißen gekostet, es immer wieder so glimpflich ablaufen zu lassen. Und deswegen hat er bestimmt auch so große Angst, sich bei einem zweiten Kind nicht mehr beherrschen zu können. Das hört man zumindest aus dem wenigen heraus, was er sagt. So richtig als Thema konnten wir dieses Problem eigentlich nie besprechen, denn Themen, die aktuell sind, lässt er gar nicht an sich heran. Das blockt er ab.
Er hat aber einmal gesagt, wenn es beim zweiten Kind auch wieder so wäre, wüsste er nicht, ob er es nicht an die Wand klatscht. Ein zweites Kind kommt für ihn gar nicht in Frage. Dahinter steckt eben die geballte Verzweiflung, dieses Gefühl, wieder ein Kind in der Hand zu halten und wieder abgelehnt zu sein und der Einzige, der nicht gemocht wird und der es nicht wert ist.
Mein Mann hat sich damals mehr und mehr distanziert. Er hat zwar hin und wieder einen Versuch unternommen in Richtung

auf das Kind. Aber im Grunde genommen war das alles irgendwie kläglich. Weil er sich ständig so verhalten hat, dass er sich
ewig aufs Neue bestätigt sehen konnte in dem, was er sich zu-
rechtgelegt hatte. Er hat sich in die Arbeit geflüchtet, ist früh
aus dem Haus gegangen und spät wiedergekommen. Natürlich
ist auch mal was Nettes passiert, aber es ist immer so eine lau-
warme Sache gewesen. Und wenn das Kind in irgendeiner Weise kompliziert war, hat er sich zurückgezogen, als hätte er sich
an einer heißen Herdplatte verbrannt.

Das Kind mag mich nicht, das war sein ständiger Spruch. Wenn
das Kind irgendetwas nicht wollte, hieß es immer, das liegt nur
daran, dass das Kind mich nicht mag. Und wann immer er den
Raum betrat, hat sich in mir etwas zusammengekrampft, denn
es war so spürbar: Das Kind war so lieb zu mir, und er stand
da, und es war so klar, dass das bei ihm eben nicht funktionieren würde. Wenn man zu dem Kind gesagt hätte, geh doch mal
zu Papa, hätte es das bestimmt nicht gemacht. Man konnte es
nicht beeinflussen und nicht steuern. Wir anderen haben das
manchmal versucht, und dann hat mein Mann natürlich gedacht:
Klasse! Jetzt kommt das Kind vielleicht zu mir, wenn es ihm
dreimal gesagt wird. Es passte immer alles in sein Schema rein,
man konnte machen, was man wollte.

Das hat mich sehr belastet. Ich habe mich lange Zeit nicht getraut, das Zusammensein mit meinem Kind zu genießen. Schon
während der Stillzeit hat sich mein Mann häufig beschwert, ich
würde das Kind viel zu lange stillen. Dabei entsteht zwischen
Mutter und Kind eben eine ganz extreme Nähe und Verbunden-
heit, die man als Vater nicht hat. Es stimmt, ich habe Janni
sehr lange gestillt, am Ende schon eher mehr wegen der Gemütlichkeit. Und dann kommt natürlich auch Eifersucht auf und das
Gefühl, dass ich das Kind viel zu sehr für mich vereinnahme.
Mit meinem Sohn harmonisch zusammen zu sein, hat mir
schließlich jedes Mal ein schlechtes Gewissen verursacht, wenn
mein Mann auf der Bildfläche erschien. Als ob man beim Na-
schen erwischt wird. Ich habe gar nicht mehr gewagt, die Liebe
zu meinem Kind auszuleben, zumindest nicht in Gegenwart mei-

nes Mannes. Oder es wie selbstverständlich hochzunehmen und zu beruhigen, wenn es geweint hat. Das war dann immer so, als würde ich ihm mal wieder vorführen, wie es für ihn wieder nicht ist. Ich habe es dem Kind zuliebe trotzdem oft so gemacht, wie ich es für richtig hielt, weil ich nicht wollte, dass es darunter leidet. Aber ich selbst stand unter permanenter Anspannung. Das ging vier Jahre so. In dieser Zeit kam es mir vor, als ob ich mit unserem Kind gelebt und mein Mann auf einer anderen Seite gestanden hätte. Es gab weder für uns eine Partnerschaft noch einen Vater für das Kind.

Dann fing Janni mit einem Mal an, auf seinen Vater loszustürmen, wann immer er ihn gesehen hat. Er hat ihn geherzt und eine Nähe gesucht, die war so penetrant, dass mein Mann meinte, ich hätte das Kind bequatscht. Das war zu einem Zeitpunkt, an dem alles auf der Kippe stand und mein Mann überlegt hat, ob er das alles abbricht. Da hat Janni plötzlich an seinem Hals gehangen mit einer Affenliebe, als ob er intuitiv gewusst hätte: Wenn er jetzt nichts tut, dann geht es kaputt. Und genauso wäre es auch gekommen. Wenn er weiterhin bei mir gehockt hätte und wir beide eine Einheit gewesen wären, dann wäre mein Mann gegangen. Ich glaube, dass Janni auf seine Weise um ihn gekämpft hat. Und es hat offensichtlich gereicht, dass mein Mann sich entschieden hat zu bleiben.

Vieles hat sich in den beiden letzten Jahren normalisiert. Aber die Sache ist trotzdem noch längst nicht vom Tisch, dafür müsste mein Mann ja sein Problem erst mal aufarbeiten. Aus Bemerkungen von ihm und meiner Schwiegermutter lässt sich deutlich ablesen, dass sein Bruder ihm immer vorgezogen wurde. Sein fünf Jahre älterer Bruder, das war der familiäre, zugängliche, verständnisvolle Typ, während mein Mann als derjenige gesehen wurde, der alles kaputtmachte, dauernd irgendwelche Streiche aus heckte und immer allen Ärger auf sich lenkte, der stur und kompliziert war.

Der ältere Bruder hat seine Mutter auch vor ihrem gewalttätigen Mann beschützt und, nach der Trennung der Eltern, so eine Vater-Ersatzrolle übernommen. Während der eine in diese besondere Rolle perfekt hineingewachsen ist, wurde dem anderen das Gefühl gegeben, dass seine Leistung, seine Art und Weise nicht ausreichen, um genauso gut zu sein wie der Bruder. Wenn ich das Thema »zweites Kind« anschneide, sagt mein Mann eben auch: Bei zwei Kindern gibt es immer eins, das oben ist, und eins, das unten ist. Das gibt es nicht, dass man zwei Kinder gleich lieben kann. Ich denke, dass er genau das auch so erfahren hat. Und dass das immer wieder hochkommt und ihm diese Fußangeln stellt.

All diese inneren Krämpfe, die ich ausgestanden habe, weil ich mich nicht getraut habe, mit meinem Sohn zu kuscheln, wenn mein Mann im Raum war – das ist inzwischen vorbei. Janni findet seinen Vater beharrlich toll, und er ist jetzt mit ihm genauso kuschelig, allerdings nur dann, wenn er es will. Und das muss mein Mann auch kapieren: Das Kind macht es dann, wenn es das will, und nicht, wenn er das will. Aber er hat sich oft hingestellt und gedacht, nun bin ich Vater, und nun muss mir das zufliegen. Er wollte eben so dieses Papa-Gefühl, das man vielleicht aus Filmen kennt, und das hat ihm das Kind lange nicht vermittelt. Ich glaube, wenn es nach meinem Mann gegangen wäre, hätte sein Sohn von Anfang an unheimlich viel tun müssen, um ihm zu zeigen, dass es doch nicht so ist, wie er denkt: dass er es offensichtlich nicht wert ist, und dass er es noch nie wert war, und warum sollte es jetzt anders sein. Aber so intuitiv war das Kind eben nicht, um ihm von Anfang an all die Zuwendung zu geben, die er gebraucht hätte, um sich endlich geliebt zu fühlen. Da hat er sich eben zurückgezogen.

Auch heute erwartet mein Mann immer noch, dass sein Erscheinungsbild jede Menge Begeisterung auslöst. Und das passiert eben nicht automatisch, weil das Kind auch mal mit anderen Sachen beschäftigt ist. Wenn Janni ihm nicht sofort um den Hals fällt, dann erleidet er einen echten Rückfall. Dann hängt sofort im Raum: Ich bin wohl nicht gut genug, begrüßt zu werden. Manchmal will das Kind auch etwas ganz anderes von ihm, als er geben möchte. Es will herumtoben und mit seinem Vater raufen, weil man mit Vätern nun mal gerne rauft. Aber er möchte Zärtlichkeit und Nähe und Gemütlichkeit, da kollidiert dann wieder etwas.

Für mich ist das oft schwer zu ertragen, weil ich denke, es könnte so einfach sein. Mein Mann müsste eigentlich wissen, dass man genau das kriegt, was man will, wenn man auf das Kind eingeht, nämlich ganz viel Zugang und Liebe und Begeisterung. Das Kind kann nicht jedes Mal auf ihn zustürmen, es stürmt auch auf mich nicht jedes Mal zu. Aber ich weiß, dass es mich gern hat, und ich stell mich nicht gleich in Frage, wenn es an mir vorbeirennt.

Ich habe viel nachgedacht und mich darum bemüht, dass der Vater bei uns einen anderen Stellenwert einnimmt. Ich überlasse ihm mehr, für das Kind Entscheidungen zu treffen. Das heißt, ich muss eben auch mal die Klappe halten, damit das gilt, was er sagt, ob ich es nun richtig finde oder nicht.

Inzwischen kommen die beiden auch ohne mich gut klar. Früher wollte mein Mann nie mit dem Kind allein sein. Jetzt haben sie sich sogar vorgenommen, zusammen zu verreisen. Neulich hat mich jemand gefragt, ob ich nicht lieber mitfahren würde. Wer diese ganze Geschichte nicht kennt, kann sich gar nicht vorstellen, wie froh ich darüber bin, dass die wer weiß wohin fahren. Hauptsache, sie machen es alleine. Sie sind dann zusammen ins Reisebüro gegangen und haben was gebucht. Und Janni hat gesagt: Mama, du brauchst nicht zu wissen, wo wir hinfliegen, ich schreib dir 'ne Karte. Da war ich total glücklich.

Aber ich garantiere, wenn die beiden wieder da sind und Janni rennt einmal an seinem Vater vorbei, wird er wieder an sich zweifeln und sagen, was bin ich doch für'n Vater, dass mich das Kind heute nicht begrüßt.

Gespräch mit der Psychotherapeutin Lara Gabriele Winkler

Cornelia Nack: *In Konfliktsituationen mit Kindern mischt sich auch immer wieder die Vergangenheit ein. Welche Ursachen spielen nach Ihren Erfahrungen eine wichtige Rolle?*

Lara Gabriele Winkler: Hier geht es oft um Bedürfnisse und die Art und Weise, wie sie erfüllt werden können. Kinder, vor allem kleine Kinder, formulieren ihre Bedürfnisse nicht unbedingt, sondern sie leben sie aus. Sie handeln spontan, sie probieren, sie wollen haben, sie wollen mehr, sie wollen etwas anderes, als die Mutter will, sie wollen etwas anderes, als jetzt gerade in den zeitlichen Ablauf passt. Das sind die Formen, in denen Kinder ihre Bedürfnisse leben. Wenn Kinder sehr oft die Erfahrung machen, dafür bestraft zu werden oder in ihren Bedürfnissen zurückgewiesen zu werden, kann es dazu führen, dass sie irgendwann ihre Bedürfnisse relativieren. Sie fühlen ihre Bedürfnisse, aber sie äußern sie nicht mehr, weil sie wissen, dass es dann wieder schwierig wird, dann wird es Strafe geben oder Schreierei.

Also, sie verkneifen sich ihre Bedürfnisse?

Ja. Sie drängen sie allmählich in den Hintergrund. Und je älter sie werden, desto besser können sie das auch. Ein Kind, ein Jugendlicher und später ein Erwachsener hat dann fast keinen Zugang mehr zu den eigenen Bedürfnissen, er nimmt kaum mehr wahr, dass es ein Bedürfnis gibt. Das kann zum Beispiel sein, dass ein Bedürfnis nach Nähe nicht mehr ausgedrückt wird, dass auch Bedürfnisse nach Anerkennung nicht mehr ausgedrückt werden.

Eine Mutter kann völlig darin aufgehen, es ihrem Kind recht zu machen, perfekte Hausfrau und Mutter zu sein, zu zeigen, bei mir läuft der Laden. Und irgendwann spürt sie: Ich selbst komme hier gar nicht vor, ich kenne meine Bedürfnisse nicht. Oft wird erst in der Therapie deutlich, dass Frauen ihre eigenen Bedürfnisse gar nicht benennen können. Sie äußern dann Dinge wie, dass die Wohnung sauber ist und alle zufrieden sind. Hier kann man deutlich sehen: Das ist die Fortsetzung dessen, was sie als Kind irgendwann begonnen haben. Das Kind hat versucht, seine Eltern zufrieden zu machen. Das ist ein Programm. Das Kind hat es über die eigenen Bedürfnisse hinweg entwickelt. Später sind wieder die eigenen Kinder die stärksten Auslöser für all diese Lernprogramme, die Eltern aus ihrer Kindheit mitgebracht haben.

Wie erklären Sie, dass Eltern in Konfliktsituationen oft so eine intensive Wut fühlen?

Ein bestimmtes Verhalten, das ein Kind zeigt, ist für die Mutter oft mit einer eigenen Erfahrung besetzt. Zum Beispiel, wenn es um die Schule, ums Lernen geht. Das Kind lernt schreiben, und jeder weiß, dass man dabei Fehler macht und niemand gleich perfekt ist. Bei der Mutter kann das jedoch starke Ängste auslösen. Sie sieht die Fehler, die das Kind gemacht hat, und sie könnte ausrasten, sie kann es nicht aushalten, dass ihr Kind es noch nicht kann.

Dann ist es nahe liegend zu fragen: Wie ist bei euch früher mit Leistung umgegangen worden? Wie war das, wenn du einen Fehler gemacht hast? Und dann hört man häufig: Ich hab mich überhaupt nicht nach Hause getraut, und dann ging der Krach los, und manchmal haben sich die Eltern deshalb auch zerstritten. Darum ist es später so Angst auslösend, wenn das Kind Fehler macht, denn Fehler sind »nicht erlaubt«. Man will das Kind deshalb auf den »richtigen Weg« bringen, damit es diese Fehler nicht mehr macht, die für einen selbst mit Angst verbunden sind.

Oft kommen in Konfliktsituationen aber auch Empfindungen zum Ausbruch wie: Wo bleibe ich eigentlich? Ich durfte auch nicht immer alles haben, ich durfte auch nicht immer auf den Schoß, wenn noch so viel Hausarbeit anstand.

Eltern empfinden dann Neid auf ihre Kinder?

Man kann ganz oft feststellen, dass eine heimliche Frage zwischen Eltern und Kindern steht, nämlich: Wer ist hier eigentlich das Kind? Wer darf das Kind sein? Hier entsteht oft in gewissem Sinne eine Konkurrenz darum, das Kind sein zu dürfen, Bedürfnisse haben zu dürfen, sie erfüllt zu bekommen, bedürftig sein zu können.

Dieses Problem hat ja vielleicht sogar jeder Erwachsene in gewissem Maße, weil er sich immer nach der Decke strecken und allen Anforderungen gerecht werden muss, während das Kind das Privileg genießt, von den Anforderungen des Erwachsenenlebens frei zu sein.

Kinder sind sicherlich ganz einfach dadurch, dass sie sehr präsent sind, immer wieder anstrengend. Die Frage ist aber: Was löst das in mir selber aus? Und wenn ich immer in dem Gefühl gelebt habe, es interessiert niemanden, wie ich mich fühle und wie meine Bedürfnisse aussehen, oder es ist nicht erlaubt, dass ich auf mich und meine Bedürfnisse Rücksicht nehme, weil das egoistisch ist, und mein Kind konfrontiert mich ständig mit seinen Bedürfnissen, dann kann es sein, dass da einfach etwas Inneres kippt. Ich kann dann gar nicht mehr sehen: Natürlich hat mein Kind diese Bedürfnisse, die hatte ich ja früher auch, die hat jedes Kind. Wenn ich durch mein Kind immer wieder mit dem eigenen Mangel konfrontiert werde und Situationen häufig überlagert sind von der Empfindung »Ich durfte das auch nie!«, sehe ich im Grunde genommen das Kind nicht mehr als Kind, sondern als Erwachsenen. Dann besteht auch die Gefahr eines Rollentausches.

Ist eine solche Rollenumkehr ein häufiges Problem?

Ja, denn Kinder erspüren sehr schnell die Bedürftigkeit ihrer Eltern und versuchen, ihre Eltern glücklich zu machen oder ihre Eltern zufrieden zu stellen oder dafür zu sorgen, dass ihre Eltern nicht mehr traurig sein müssen. Ganz häufig wollen Kinder dafür sorgen, dass ihre Eltern sich nicht mehr streiten. Sie versuchen, ein »ganz liebes Kind« zu sein, »einfach« zu sein, »pflegeleicht« zu sein, damit die Eltern sich vertragen. Das führt dazu, dass Kinder in einer bestimmten Weise Elternfunktion übernehmen, nämlich dass sie fürsorglich sind gegenüber ihren Eltern, und zwar mehr, als sie leisten können, und mehr, als ihnen im Grunde zusteht.

Gibt es viele Eltern, die sich auf so einen Rollentausch einlassen?

Es ist für viele natürlich angenehm, ein liebes Kind zu haben, ein Kind, das immer nach den Bedürfnissen der Eltern guckt. Wenn

Eltern so etwas bereitwillig annehmen, heißt das aber, dass sie nicht bereit sind, die Verantwortung für sich zu übernehmen. Und letztendlich auch nicht für ihr Kind, denn es ist ihre Verantwortung, dafür zu sorgen, dass es einen Lebensraum hat, in dem es sich frei entwickeln kann und Kind sein darf. Kinder, die für ihre Eltern sorgen, wirken zwar im sozialen Bereich sehr frühreif, aber das ist ja gar nicht das, was sie für ihre Entwicklung brauchen.

So eine Rollenumkehr hat tief greifende Wirkung auf das spätere Erwachsenenleben von Kindern, die für ihre Eltern in dieser Form Verantwortung übernommen haben. Ihnen wird es schwer fallen, als Erwachsene eigene Bedürfnisse wahrzunehmen und zu erfüllen. Von den eigenen Kindern wird dann vielleicht auch wieder erwartet: Sorge für mich! Und so schließt sich der Kreis. Es sei denn, man kommt irgendwann darauf, Mensch, da ist irgendwas nicht in Ordnung, und reflektiert: Wie habe ich Kindheit erlebt? Wie habe ich erlebt, dass meine Eltern die Verantwortung für sich und ihr Leben übernommen haben? Was habe ich für Erwartungen an meine Kinder? Ist es mir angenehm, wenn ich mich auf mein Kind stützen kann?

Es ist ja grundsätzlich nicht einfach, Konfliktursachen auf die Spur zu kommen, die in der eigenen Vergangenheit liegen. Man ist oft geneigt, vieles auf die Tagesform zu schieben und sich zu sagen, man sei gerade nicht so belastbar. Wie können Eltern prägende Ereignisse ergründen, die immer wieder in die Gegenwart hineinwirken?

Eltern können sich in einem ruhigen Moment zum Beispiel fragen: Wie wurde bei uns früher mit Regeln umgegangen? Wie wurden Gefühle erlebt? War es erlaubt zu weinen? Wie haben meine Eltern reagiert, wenn ich irgendetwas nicht wollte, wenn ich traurig war oder wenn ich mir etwas sehr gewünscht habe? Darüber könnte man auch mit seinen Geschwistern reden.

Das heißt, »helfende Zeugen«, wie die Psychoanalytikerin Alice Miller es nennt, zu befragen, Familienmitglieder, Verwandte oder Freunde der Familie, die helfen können, so etwas zu erinnern?

Ja, weil man dann nicht nur auf die eigenen Erinnerungen und

Wahrnehmungen angewiesen ist. Hier misstrauen sich viele Menschen und wollen den eigenen Eltern keine Schuld geben. Dann ist es gut, Zeugen zu haben, die etwa sagen können: Es ist schon so gewesen, dass da schnell geschlagen wurde. Dadurch wird das Bild vollständiger. Manchmal kann man darüber sogar mit den Eltern sprechen.

Vor allem, wenn Frauen viel mit ihren Kindern allein sind oder für vieles verantwortlich sind, für Kinder, Haushalt und vielleicht noch einen Job, finde ich es grundlegend wichtig, mit anderen ins Gespräch zu gehen. Rauszukommen mit dem Problem, es anzusprechen und festzustellen, das ist etwas, worüber man reden kann und womit auch andere Erfahrungen gemacht haben. Und sich nicht zu isolieren und das Problem nur im eigenen Kopf hin und her zu bewegen.

Wir leben heute mit so vielen Anforderungen, und es wird uns von vornherein nicht viel Raum für eigene Bedürfnisse gegeben. Den müssen wir uns schon nehmen, und dazu gehört auch, die eigenen Bedürfnisse zu kennen. Deshalb ist es wichtig, sich immer mal wieder nach seinen Bedürfnissen zu fragen. Was sind eigentlich meine Wünsche an mein Leben, an das Leben in der Familie? Mal phantasieren, mal Bilder entstehen lassen und sehen, wie sieht dagegen die Wirklichkeit aus. Auch nach Stress- oder Konfliktsituationen kann man sich fragen: Was wäre da mein Bedürfnis gewesen? Oder auf der anderen Seite wirklich wahrnehmen, was mir gut tut, und überlegen, wie kann ich das öfter einbauen in meinen Alltag. Erst mal wieder die Spur aufnehmen von der eigenen Bedürftigkeit, den eigenen Wünschen.

Wenn Menschen anfangen, über ihre Bedürfnisse zu reflektieren, werden sie sehr häufig auch mit Erinnerungen konfrontiert. Und oft kommen diese Erinnerungen sehr schmerzhaft. Um dann nicht wieder den alten Mechanismus aufleben zu lassen und viel Energie zu verbrauchen, um Schmerzhaftes zu verdrängen, ist es gut, sich dem zuzuwenden und sich dafür wirklich Raum zu nehmen. Das könnte heißen, intensiv mit Freundinnen darüber zu reden, in eine Beratung zu gehen oder sogar in eine Therapie. Ich kenne Frauen, die sind in eine Therapie gekommen, weil sie sich irgendwann mit anderen Frauen unterhalten und erfahren haben: Die haben sich durch Beratung, Selbsthilfegruppen oder Therapie ganz andere Möglichkeiten erschlossen, und das will ich auch.

Im Gegensatz zu Selbsthilfegruppen oder Gesprächen mit anderen Personen hat man in einer Therapie den Schutz, sich auch schmerzhaften Erfahrungen zuzuwenden. Therapeuten können dann auffangen und unterstützen, sie geben den Rahmen, in dem man alte Erfahrungen noch einmal erleben und neue dagegensetzen kann.

Unter Therapie verstehen aber viele, dass man über eine lange Zeit zu Sitzungen gehen muss. Ist das so?

Mein Ziel ist immer, dass Menschen so schnell wie möglich wieder fähig sind, ihre Dinge zu tun und dabei besser mit sich selbst umgehen zu können. Ich finde es nicht gut, wenn in einer Therapie jahrelange Abhängigkeitsbeziehungen entstehen, wodurch dann auch wieder neue Probleme auftauchen. Oft ist es einfach von der persönlichen Geschichte her so, dass eine Therapie ein bis drei Jahre dauert. Aber das muss überhaupt nicht sein. Manchmal ist es mit einigen Gesprächen getan.

Was raten Sie Eltern, die in ihrer Herkunftsfamilie Gewalterfahrungen gemacht haben?

Wenn Eltern das Gefühl haben, hier kommt etwas immer wieder schmerzlich zum Vorschein und es bringt mich auch zu Handlungen, die ich nicht tun will, dann würde ich raten, sich Hilfe zu holen. Es müssen gar nicht viele Gewalterfahrungen gewesen sein, aber sie können sehr tief getroffen haben. Ich glaube nicht, dass man das in jedem Fall alleine bewältigen kann; es kann auch wieder Wege nehmen, die nicht erlösend und förderlich sind. Wenn ich merke, da ist etwas, was mich immer wieder einholt und mich daran hindert, gut mit mir, meinem Leben und letztendlich auch mit meinem Kind umzugehen, dann ist es wichtig, sich professionelle Hilfe zu holen.

Innere Distanz

Das Zusammenleben von Menschen regelt eine Fülle von Geboten und Verboten, und ein Großteil von ihnen tritt uns in Form von Gesetzen und Verordnungen entgegen. Neben diesen konkreten, schwarz auf weiß niedergelegten Handlungsvorgaben stehen wir aber auch unter dem Einfluss von ethischen Vorschriften, die nirgends geschrieben stehen, die jedoch auf unser Fühlen und Denken in beträchtlichem Maße einwirken. Eines dieser ungeschriebenen Gesetze ist das Gebot der Elternliebe beziehungsweise das Verbot, die eigenen Kinder zu hassen. Dieses Gebot nimmt in unserem Wertesystem einen hohen Rang ein. Bei genauerem, ehrlichem Hinsehen zeigt das Bild liebevoller Annahme aber Sprünge: Eltern haben auch Ablehnungsgefühle, und es gelingt ihnen nicht immer, ein Kind vorbehaltlos anzunehmen. Der Bremer Soziologe Gerhard Amendt sieht im Liebesgebot deshalb auch eine »gesellschaftlich weitverbreitete Wunschvorstellung« und »anthropologische Unmöglichkeit«[40].

In unserer Kultur wird das Liebesgebot jedoch so weit verinnerlicht, dass Eltern sich Ablehnung oft nicht einzugestehen wagen und eine Auseinandersetzung damit scheuen. Dies gilt vor allem für Mütter, die sich am Ideal einer uneingeschränkten »natürlichen« Mutterliebe messen lassen müssen. Ablehnende und feindselige Gefühle werden daher oft verdrängt. Doch was nicht gefühlt werden darf, ist deshalb noch lange nicht aus unserem Inneren verschwunden. Es wirkt weiter in uns fort, auch wenn wir Mittel finden, es aus unserem bewussten Erleben zu verbannen. Es wird sich – manchmal auf krummen Bahnen – einen Weg nach außen suchen und unser Verhalten beeinflussen oder sogar bestimmen.

Ablehnung kennt viele Erscheinungsformen. Sie kann tief verwurzelt und unabänderlich sein und die gesamte Kindheit prägen, ja ein ganzes Menschenleben überschatten. Sie kann als Teil widerstreitender Gefühle der Eltern existieren und nur in besonderen Konfliktsituationen zum Tragen kommen. Sehr häufig treten Ablehnungsgefühle jedoch nur zeitweilig im Zusammenleben von Eltern und Kindern auf, um sich schließlich wieder in Wohlgefallen aufzulösen. Kein Eltern-Kind-Verhältnis ist ganz frei von gegensätzlichen, ambivalenten Gefühlsmischungen, vom Wechselspiel aus liebevoller Zuneigung und innerer Distanz. Eltern und Kinder durchleben oft Phasen voller Harmonie und dann wieder solche, in denen zwischen ihnen nichts mehr zu stimmen scheint. Es gibt Zeiten, in denen Eltern gelassen und souverän mit Konflikten umgehen können, und andere, in denen die Geduld am seidenen Faden hängt.

Eltern nehmen auch die Hürden, die die verschiedenen Entwicklungsphasen ihrer Kinder mit sich bringen, mit ganz unterschiedlicher innerer Beteiligung. Die einen finden keinen Zugang zu einem »sprachlosen« Säugling, kommen aber mit dem kritischen Widerspruchsgeist von Sprösslingen im Kindergartenalter bestens zurecht. Andere fühlen sich eng mit dem Baby verbunden, verlieren aber die Beherrschung, wenn das Kleinkind seinen Kopf durchsetzen will. Kinder erspüren den inneren Rückzug von Eltern in solchen Phasen und verstärken dann oft ihre Anstrengungen, Zuwendung und Aufmerksamkeit zu bekommen – manchmal mit allen verfügbaren Mitteln. Wenn Eltern nicht in der Lage sind, das »schwierige« Verhalten ihres Kindes mit ihrer eigenen Distanz in Verbindung zu bringen, besteht die Gefahr, dass sich beide Seiten in einen Kreislauf der Aggression begeben, der zu immer heftigeren Konfrontationen führen kann.

Für die Eltern von mehreren Kindern enthält unser Katalog ethischer Werte die Forderung, dass sie ihre Zuneigung auf alle Kinder gleichmäßig verteilen. Doch oft ergibt sich mit dem einen Kind ein größerer Gleichklang der Herzen als mit dem anderen. Interessen und Wesenszüge decken sich hier mehr als dort und lassen eine Nähe entstehen, die den Geschwistern nicht zuteil wird. Eine unbeschwerte Zuneigung kann in anderen Fällen womöglich deshalb nicht entstehen, weil ein Kind einem ungeliebten Elternteil oder dem Partner einer gescheiterten Beziehung ähnlich ist. Auch hier können sich viele Konflikte daraus ergeben, dass Eltern ihre Gefühle einerseits vor sich leugnen, andererseits aber mit Schuldgefühlen zu kämpfen haben.

Ekkehard von Braunmühl schreibt dazu: »Die Schuldgefühle, ein Kind nicht genug zu lieben, zerstören leicht die letzten Grundlagen für mancherlei Zwischenformen der Sympathie, der Zuwendung und der Solidarität, die sonst noch immer vorhanden sind. Außerdem verunsichern geheuchelte Gefühle Erwachsene wie Kinder, was eine Entwicklung der echten Gefühle zum Positiven fast unmöglich macht. Umgekehrt erschließt die Liebe zur Wahrheit auch oft wieder die Liebe zu den Kindern. Wen es betrifft, der möge es versuchen – unbelastet von Schuld- und Pflichtgefühlen und ohne ins andere Extrem zu verfallen und die Kinder mit Bekenntnissen der Nichtliebe nun zu verfolgen.«[41]

Zurückgesetzt und abgelehnt fühlen sich Kinder oftmals, wenn sie sich mit der Ankunft eines Geschwisterkindes in einer ganz neuen Familiensituation zurechtfinden müssen. Das erstgeborene Kind muss nun den Thron, den ihm sein Einzeldasein bereitgestellt hatte, verlassen. Pädagogen sprechen sogar von einem »Entthronungsschock«. Die Versorgung des Neuankömmlings bindet jetzt viel Aufmerksamkeit und Kraft der Mutter. Dem älteren Kind wird von nun an – und oft über einen langen Zeitraum – ein Zurückstecken abverlangt. Es ist plötzlich das »große«, das »vernünftige« Kind, das lernen muss zu teilen und Rücksicht zu nehmen. Erstgeborene können auf dieses Ereignis mit dem Rückfall in eine Entwicklungsstufe reagieren, die längst überwunden schien: Sie wollen wieder gefüttert werden oder machen ins Bett, damit sie wieder gewickelt werden – ein Verhalten, das für Eltern eine zusätzliche Erschwernis ihres Erziehungsalltags bedeutet. Unmut und Verärgerung der gestressten Eltern können aber das tiefe Empfinden der Zurückweisung steigern.

Mit Unverständnis und heftigen Bestrafungen reagieren manche Eltern, wenn die Eifersucht Kinder zu aggressiven Handlungen gegen das jüngere Geschwister treibt. Die spontane Parteinahme für das schwächere Kind ist verständlich, und es ist erforderlich, dass Eltern eingreifen, wenn diesem ein Schaden droht. Die Sorge ums kleinere Kind, aber auch der Anspruch, die Geschwister müssten sich lieben und vertragen, kann jedoch die erforderliche Einfühlung in die Seelenlage des älteren Kindes verhindern: Eltern gehen auf Distanz, weil sie das Bedürfnis nach Bestätigung und die Angst vor dem Verlust der Elternliebe hinter dem aggressiven oder provozierenden Verhalten nicht erkennen.

Das Maß an Annahme oder Ablehnung, das Kinder erfahren, hat auf ihre Position innerhalb der Familie große Auswirkungen. Der schwer lenkbare, laute, unruhige Knirps muss mehr negative Zuwendung einstecken und steht oftmals im Schatten der braven Geschwister, die die Eltern weniger beanspruchen. Dem stillen, unauffälligen Kind fallen Aufmerksamkeit und Anerkennung vielleicht weniger leicht zu als dem übersprudelnden Witzbold, mit dem es das Kinderzimmer teilt. Wer sich nur schwer in die Geschwistergemeinschaft einordnen kann, wird schnell als Urheber allen Streits ausgemacht. Viele, die mit Geschwistern aufgewachsen sind, wären um weitere Beispiele solcher Konstellationen nicht verlegen. Wichtig ist, dass jedem Kind eine faire Chance gegeben wird, aus belastenden und mit Minderwertigkeitsgefühlen verbundenen Rollen herauszutreten.

Das ist vor allem dann problematisch, wenn sich mit dieser Rolle unbewusst eine seelische Entlastung für den Vater oder die Mutter verbindet. Dies ist der Fall, wenn Eltern einen Teil ihres Wesens, zum Beispiel eine Eigenschaft wie Ängstlichkeit, bei sich selbst verleugnen und abwehren, weil sie diese als »schlecht« empfinden – häufig, weil ihnen in ihrer Kindheit eine solche Wertung vermittelt wurde. Sie entdecken diese Eigenschaft nun bei ihrem Kind und können sie dort bekämpfen: Ihr eigener innerer Konflikt mit einer als schlecht empfundenen Tendenz wird auf das Kind übertragen, womit dieses zum Sündenbock wird.

Es kommt auch vor, dass auf diese Weise in einer Familie schließlich die »schlechten« Anteile aller Familienmitglieder auf ein einziges Kind vereinigt werden. Aus vielen schlechten Eigenschaften formt sich aus der Sicht der anderen schließlich ein »schlechtes« Kind, das die bedrückende Funktion des schwarzen Schafes der Familie erfüllen muss. Häufig sind Kinder aufgrund ihrer Loyalität zu den

Eltern bereit, diese Rolle zu übernehmen und dem Bild zu entsprechen, das für sie entworfen wurde.

Der Sündenbock steht bald allein gegen alle – nicht nur innerhalb der Familie. Auch Außenstehende – Lehrer, Behörden, Therapeuten – können in ein solches Spaltungsmuster von »guten« und »schlechten« Familienangehörigen mit einbezogen werden, wenn es zu Entwicklungsverzögerungen, Hemmungen oder Leistungsversagen als Folge der Sündenbock-Rolle kommt. Denn die Abwertungen, Zurückweisungen, Schuld- und Wertlosigkeitsgefühle, die mit dieser Rolle verbunden sind, hinterlassen in der Persönlichkeit des Kindes tiefe Spuren. Immer wieder wird es auffällig und kann immer weniger den Anforderungen von Eltern, Erziehern und Lehrern entsprechen – ein Versagenskreislauf, der oft noch durch einen weiteren aus Aggression und Gegenaggression ergänzt wird.

Eine andere Spielart des Sündenbocks erleben Psychologen in der Praxis vielfach, wenn ein Kind ständig Probleme aufwerfen muss, um von Partnerschaftskonflikten der Eltern abzulenken. Das Kind wird dann Teil einer Dreieckskonstellation, wie sie in allen zwischenmenschlichen Bereichen immer wieder entsteht: Wir brechen zu Hause einen Streit vom Zaun, weil wir einen deftigen Anpfiff vom Chef einstecken mussten. Wir meckern an unseren Kindern herum, weil wir uns gerade am Telefon mit unserer Freundin verkracht haben. Solche alltäglichen Dreieckskonstellationen, bei denen wir heftige Emotionen gegenüber einer Person an einer anderen, unbeteiligten abreagieren, können sich jedoch auch verfestigen und verhindern, dass wir die eigentlichen Konfliktursachen in einer Beziehung erkennen. Verdrängte oder verdeckte Probleme einer Beziehung werden so zum ständigen Spannungsherd in einer anderen Beziehung. Ein Kind kann zum Problemfall der Familie werden, weil es dadurch die Aufmerksamkeit von der Unzufriedenheit mit der Partnerschaftssituation ablenkt. Dissonanzen lassen sich übertönen, indem man sich auf die Schwierigkeiten des Kindes konzentriert, seien es seine »unmöglichen« Tischsitten, seine Schulprobleme oder eine Verhaltensstörung.

»Kinder haben eine Sensibilität, die wie ein Radarschirm alle Stimmungen im Leben der Eltern auffängt, unbewußt übernehmen sie die abhängige und ›unfähige‹ Rolle, um die Familie zu entlasten«, schreibt die Psychologin Harriet Lerner dazu. »Das ›schwierige‹ Kind tut oft, was es nur kann, um ein Problem für die Familie zu lösen und furchterregende Konflikte am Ausbrechen zu hindern.«[42] Frauen, betont Lerner, haben oft stärkere, ja übermäßige Ängste, in einer wichtigen Beziehung zu einem Mann Konflikte aufkommen zu lassen. »Daher neigen Frauen besonders dazu, die direkte Konfrontation zu meiden und Aggressionen auf die Beziehung mit einer weniger ›bedrohlichen‹, schwächeren Person zu verschieben, wie sie in Kindern zu finden ist.«[43]

Ein besonders tragisches, konfliktreiches und häufig in aggressive Handlungen mündendes Eltern-Kind-Verhältnis kann entstehen, wenn ein Kind unerwünscht geboren wird. Wenn die Mutter sehr jung ist oder allein stehend, wenn ihre Lebenssituation schwierig ist oder die Partnerschaft in einer Krise steckt, wenn die Familienplanung längst abgeschlossen ist oder Berufs- und Lebensperspektiven aufgegeben werden müssen, bedeutet eine ungewollte Schwangerschaft vielfach eine Hypothek, die das Verhältnis zum Kind vom ersten Tag an belastet. Bei vielen ungeplanten Schwangerschaften wandeln sich die anfänglich negativen Gefühle später ins Positive. Bleibt die ablehnende Haltung jedoch über die Geburt hinaus bestehen – oft weil das Kind für die mit ihm verbundenen Einschränkungen unbewusst verantwortlich gemacht wird –, ist seine gesunde Entwicklung in Gefahr. Bei einer Befragung der englischen Soziologen Pare und Raven gestand ein Drittel der Frauen, die eine ungewollte Schwangerschaft nicht vorzeitig abgebrochen hatten, massive Hassgefühle gegen das ungewollte Kind ein. Unerwünschte Kinder, dies belegen weitere Untersuchungen, sind vor allem in der ersten Zeit nach der Geburt einem hohen Risiko ausgesetzt, dass sich Wut und Enttäuschung der Eltern in gewalttätigen Handlungen äußert.[44]

Doch auch Wunschkinder erleiden das Schicksal, abgelehnt zu werden: weil sie behindert geboren wurden, weil sie das »falsche« Geschlecht haben oder sich nicht erwartungsgemäß entwickeln, weil sie von klein auf »schwierig« sind und die Eltern mehr belasten, als diese bereit sind zu akzeptieren.

Die Einstellung der Eltern zu ihrem Kind ist, vor allem in den ersten Lebensjahren, von entscheidender Bedeutung. Sie stellt die Weichen, ob die Grundbedürfnisse des Kindes nach Bindung und Geborgenheit, aber auch nach Geltung und Eigenständigkeit erfüllt werden. Ablehnende Eltern blockieren diese Bedürfnisse jedoch oft. Sie können ihren Kindern keine emotionale Sicherheit bieten und gestehen ihnen oft auch keine eigene Entwicklung zu. An Lob, Anteilnahme und Bewunderung haben sie nicht viel zu vergeben, denn sie sehen ein abgelehntes Kind häufig wie in einem Zerrspiegel, der all seine Lebensäußerungen in einem negativen Licht reflektiert. Es kann tun, was es will, selten darf es darauf hoffen, die Augen der Eltern zum Leuchten zu bringen.

Verschiedene Untersuchungen haben sich mit den Auswirkungen von langfristiger Ablehnung beschäftigt. Sie zeigen, dass in der Erziehung ablehnender Eltern Gereiztheit, überkritische Strenge, Überforderungen und Bestrafungen dominieren. Oder die Eltern überlassen das Kind einem Vakuum aus distanzierter Gleichgültigkeit. Offen abgelehnte Kinder entwickeln vielfach ein ausgeprägt aggressives Verhalten, das dann in der Familie eine Spirale gegenseitiger Aggression in Gang setzt.

Doch auch wenn es Eltern gelingt, ihre Kinder so aufzuziehen, dass sie sich vor der Außenwelt und vor sich selbst »nichts zuschulden kommen lassen«, bleibt Kindern eine ablehnende Grundhaltung der Eltern nicht verborgen. Und sie beeinflusst nachhaltig ihr Verhalten und ihre Entwicklung. Solche Kinder, so belegen die Studien, zeigen sich oft auffällig gehorsam, eingeschüchtert und entmutigt. Sie sind ängstlich und aufgeregt, hoffen ständig auf emotionale Zuwendung und fürchten den elterlichen Liebesentzug. Die seelische Not abgelehnter Kinder zeigt sich in zahlreichen Verhaltensstörungen, in Bettnässen oder nächtlichem Aufschreien, in Lernschwierigkeiten, Essstörungen, psychosomatischen und psychischen Erkrankungen, durch die sich die ablehnende Haltung der Eltern oftmals noch verstärkt.[45]

Der großen Mehrheit von Eltern und Kindern bleibt das Trauma einer grundsätzlichen Ablehnung sicherlich erspart. Genauere Daten über ihre Häufigkeit sind auch nur schwer zu ermitteln, da

109

diese Problematik einen Tabubereich betrifft. Die enorme Resonanz, die der Soziologe Gerhard Amendt auf seine im Anmerkungsteil zitierte Veröffentlichung wissenschaftlicher Erkenntnisse über abgelehnte Kinder erhielt – vor allem von ablehnenden Müttern –, zeigt jedoch, dass es sich dabei keineswegs um wenige Einzelschicksale handelt.

Immer mehr Eltern stehen heute vor der schwierigen Aufgabe, Stiefkinder zu erziehen. Ein Neuanfang, bei dem Kinder des Partners – und oft auch eigene – vom ersten Moment an mit dabei sind, bedeutet immer: sich mühsam zusammenraufen, Distanzen überwinden, sich mit einem enormen Paket widerstreitender Gefühle, Ansprüche und Vorstellungen auseinander setzen, das frei Haus für alle Beteiligten geliefert wird. Denn Nähe und Zuneigung sind in Stieffamilien keine Selbstverständlichkeit, sie müssen unter vielen inneren Kämpfen erarbeitet werden.

Jede Hälfte einer »Patchwork-Familie« bringt eigene Erfahrungshintergründe in das neue Gemeinschaftsprojekt ein, die sich oft ganz wesentlich voneinander unterscheiden. Vertraute Gewohnheiten und Bewertungsmaßstäbe, vor allem aber Erziehungsstile und -ansichten geben plötzlich Anlass für Konflikte: Verhaltensweisen der Kinder, die dem leiblichen Elternteil keineswegs kritikwürdig erscheinen, stoßen dem »Stief« sauer auf.

Stiefeltern wie Stiefkinder müssen sich mit Eifersuchtsgedanken und Konkurrenzverhalten herumschlagen, die wiederum den Boden bereiten für Kränkungen und Zurückweisungen. Das Entstehen einer Bindung wird zusätzlich erschwert, wenn das Stiefkind vom außerhalb der Familie lebenden leiblichen Elternteil mit einem »geheimen Auftrag« betraut wird: »Der Elternteil außerhalb erwartet, daß das Kind zu ihm hält und versteht darunter, daß es sich auf die neue Gemeinschaft emotional nicht einläßt«, schreibt die Journalistin und Stiefmutter Vera Maria Langner. »Die Eltern, bei denen das Kind lebt, haben es dann mit einem bockbeinigen Wesen zu tun, das ihnen das Leben schwermacht. In Wirklichkeit sträubt sich das Kind aber nur gegen die neue Familienkonstellation, weil es glaubt, damit dem weggezogenen Vater oder der weggegangenen Mutter zu helfen.«[46]

Die schwere Zeit, die Trennung und Alleinleben nach einer gescheiterten Beziehung bedeutet, hat Eltern und Kinder einer Teilfamilie oft besonders eng zusammenrücken lassen. Die Kinder sollen nach allem, was ihnen zugemutet wurde, nicht noch mehr belastet werden. Das macht Väter und Mütter gegenüber Kritik und Strenge vom Stiefelternteil besonders empfindlich. Wachsam wird beobachtet, ob sich Ungerechtigkeiten einschleichen. Und groß sind die Hoffnungen, dass die neuen Partner und die eigenen Kinder schnell in einem »normalen« Elternverhältnis zueinander finden. Stiefeltern selbst wissen aber meist gar nicht, ab wann und wie raumgreifend sie erzieherisch aktiv werden sollen (oder dürfen) gegenüber einem Kind, das ihnen fremd, vielleicht sogar gleichgültig ist, das vielleicht auch noch eifrig austestet, wann dem oder der Neuen der Kragen platzt. Und sie fragen sich: Wann keimt sie endlich, die Elternliebe, die alle erwarten?

Diese Frage beschäftigt viele Stiefeltern ganz besonders. Sie wünschen sich, Liebe zu empfinden, aber sie spüren davon oft viel weniger als erwartet oder erhofft. Der Stiefvater und Gründer von Stiefelterngruppen Karl Reinhardt erkundigte sich bei den Teilnehmern seiner Gruppen nach ihrem zentralen Anliegen: »Von achtzehn Leuten haben elf die Frage genannt: Muß ich oder kann ich die Kinder meines Partners sofort lieben?«[47]

Viele Erwachsene gehen an das Vorhaben »Patchwork-Familie« mit überhöhten Erwartungen heran, betonen Helfer und Berater, die mit Stieffamilien zusammenarbeiten. Das idealisierte Bild der Kernfamilie spukt in vielen Köpfen. Auch den Kindern wird oft vermittelt: Wir sind jetzt deine Familie, deine Eltern. Oft wird krampfhaft versucht zu vertuschen, dass es noch einen anderen leiblichen Elternteil gibt. Das Kind wird dadurch gezwungen, einen Teil seiner Lebensgeschichte zu verdrängen.

Stieffamilien, so Vera Maria Langner in ihrem Plädoyer für die Patchwork-Gemeinschaften, sind eine höchst spannende Lebensform. Sie können sehr fruchtbar sein und viele Anregungen geben. Vorausgesetzt, Stiefeltern können sich von dem Anspruch befreien, die Stiefkinder lieben zu müssen wie eigene. Denn es bleibt ein Unterschied, die Gefühle der gemeinsamen Wurzeln sind nicht zu ersetzen. Entsprechend lautet das Resümee eines Stiefvaters: »Treue, Verläßlichkeit, Sorge. Das ja. Das ist ein Weg, den viele schaffen können. Wenn einer sagt, ich liebe dieses Kind wie mein eigenes, dann bin ich skeptisch. Meiner Meinung nach wird jeder in einer ähnlichen Lage zu der Erkenntnis kommen: Ich werde für mein Stiefkind nie die Stelle des leiblichen Vaters einnehmen können. Und erst dann kann ich eine sinnvolle eigene Beziehung finden, eine, die echt ist.«[48]

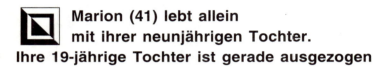

Marion (41) lebt allein mit ihrer neunjährigen Tochter. Ihre 19-jährige Tochter ist gerade ausgezogen

Während meiner Schwangerschaft habe ich zu meinem ersten Kind eine ganz starke Bindung gehabt. Da waren wir immer eins. Den Moment der Geburt hatte ich mir aber ganz anders vorgestellt, da wurde so ein schreiendes Bündel neben mich gelegt, und das war dann meine Tochter. Ich war einfach nicht vorbereitet auf diesen Moment, und ich habe die Entbindung damals irgendwie als Verlust erlebt.
Danach habe ich erst mal nichts mehr empfunden. Ich habe gedacht, so muss das wohl sein: Es gibt eine Bindung, und das ist sie dann wohl. Zu Hause habe ich das Kind versorgt, und das hat mir auch Spaß gemacht. Ich habe alles getan für die Versorgung. Das mache ich heute noch so, ich versorg immer alle, und vielleicht ist dabei die Wärme ein bisschen auf der Strecke geblieben. Vielleicht habe ich mir die Zeit für Gefühle nicht genommen. Ich hab geguckt, ob die Windel noch trocken ist, anstatt das Kind in den Arm zu nehmen. Wenn man mich nicht anstupst, dann mache ich so etwas nicht, weil ich das nicht auf meiner Strichliste habe, auf meiner Versorgungsliste.
Bei Gefühlen bin ich ein eher zurückhaltender, vorsichtiger Mensch. Mein Stiefvater hat immer gesagt, wenn man mich umfasst, denkt man, man hat einen Stock im Arm. Ich versteif mich

sofort bei körperlicher Berührung. Irgendwo gibt es bei mir wahrscheinlich eine automatische Abwehr, und es kann sein, dass ich die auch bei meinem Kind hatte. Deshalb gab es für sie vielleicht nie eine Chance, überhaupt an mich ranzukommen. Und ich bin natürlich nie an das Kind rangekommen. Sie war auch ein ruhiges Kind, ein genügsames Kind. Sie hat nicht gefordert. Wenn ich sie da hingelegt habe, dann hat sie da gelegen, und wenn ich sie da hingesetzt habe, dann hat sie da gesessen. Heute sagt man, sie war pflegeleicht. Sie hatte nie was.

Als sie sechs Jahre alt war, ging meine Ehe in die Brüche. Alle haben immer gesagt, mein Mann und ich wären von Anfang an wie ein altes Ehepaar gewesen. Es gab keine Kräche und keine innigen Gefühle, aber wir waren auch nicht unglücklich. Wir haben eben so nebeneinander hergelebt, nur am Anfang merkte man das nicht. Irgendwann ist einer von uns flügge geworden, und das war mein Mann. Ich bin dann mit meiner Tochter in eine kleine Wohnung gezogen und wieder arbeiten gegangen. Sie kam in den Kindergarten und nachher in eine Ganztagsschule. Ohne Probleme. Das einzige Problem, das ich mit ihr immer hatte, war, dass sie sich nie an bestimmte Regeln gehalten hat. Sie hat sich bis zum heutigen Tage das Recht herausgenommen, in der Wohnung ohne Tabu herumzulaufen. Sie ist zum Beispiel immer an meinen Schreibtisch gegangen. Sie hat sogar meine Post geöffnet, meine Geschenke ausgepackt und sich ohne Nachdenken und ohne Respekt genommen, was sie brauchte. Dadurch hat sie immer wieder meine Privatsphäre durchbrochen.

Wenn ich mit ihr darüber geredet habe, hieß es nur, sie hat sich nichts dabei gedacht. Das war ihre Standardantwort, und damit kann man natürlich nichts anfangen. Das kann im Unterbewusstsein Provokation sein oder Ablehnung oder Gegenangehen, das kann ja alles sein. Aber ich weiß nicht, was es tatsächlich ist, denn es gibt mit ihr keine Konfrontation. Sie kneift den Schwanz ein.

Ich bin da ganz anders, ich muss diskutieren, das muss raus. Tatenlos, das konnte ich noch nie sein. Ich hab dann geredet und geredet, hab mich aufgeregt und sie angemeckert. In der Zeit, als es mir sehr schlecht ging, hab ich auch geschrien und getobt. Und ich hab immer wieder gesagt: Bitte, sag was! Bitte sage etwas! Tu mir den Gefallen, nur irgendetwas zu sagen! Aber es war immer wieder dasselbe Gespräch, das ich auch mit ihrem Vater früher hatte: Ich hab geredet, die haben zugehört, und hinterher haben sie gesagt: Ja Mama oder ja Marion, du hast Recht, und das war's. Mehr ist nie gekommen. Manchmal hat sie auch geweint. Aber eigentlich fast nie.

Mein geschiedener Mann und meine Tochter sind sich in vielem ähnlich, und sie sieht auch so aus wie er. Es war mir immer unangenehm, ihn zu sehen, wenn sie mich angeguckt hat. Zum Beispiel, wenn sie mal wieder einer Konfrontation ausweichen wollte. Da hat sie so einen bestimmten Schleierblick, den hatte er auch, und da könnte ich mich manchmal umdrehen. Sie kann sich bis heute nicht der Situation stellen, und ich hab sie bei Auseinandersetzungen wahrscheinlich immer totgeredet. Sie musste jetzt für ihr Abitur eine mündliche Prüfung machen, die hat sie vollkommen verhauen. Freies Sprechen, das fällt ihr schwer, das kann sie nicht.

Vier Jahre nach der Trennung von meinem Mann habe ich mich wieder mit einem anderen Mann zusammengetan, und dann wurde meine zweite Tochter geboren. Die Beziehung mit diesem Mann war ein einziges Chaos, und nach einem Jahr musste ich mit meiner kleinen Tochter Hals über Kopf ins Frauenhaus. Meine ältere Tochter ist zu ihrem Vater in eine andere Stadt gezogen. Er hatte sowieso immer zu ihr gesagt: Später kommst du zu mir. Also, ich dürfte ihr noch den Hintern abputzen, bis sie größer ist, und dann kann sie zu ihm. Das hat er dem Kind die ganzen Jahre über einsuggeriert. Mich hat das wahnsinnig geärgert. Wenn man verlassen worden ist, ist da immer eine Bitterkeit. Die ging mit Sicherheit auch zu Lasten des Kindes.

Es hat mich dann aber nicht gekränkt, dass sie weggegangen ist. Ich war erleichtert, dass ich mich nicht mit zwei Kindern aus dem Chaos herausarbeiten musste. Ich hatte auch ein schlechtes Gewissen wegen der Nachteile, die sie natürlich hatte, weil ich ihr ein normales Leben nicht bieten konnte. Dreieinhalb Jahre war sie bei ihm, und in dieser Zeit habe ich wenig von ihr gehört. Wenn sie mal geschrieben hat, dann hat sie drei Monate nach meinem Geburtstag so'n bisschen gratuliert.

Ich hätte nicht gedacht, dass sie wieder zu mir will. Ich hab auch nie gefragt. Als sie 15 war, hat sie es dann selber gesagt. Hat mich ständig angerufen, wollte ständig kommen. Da geht einem natürlich das Herz auf. Ich habe geglaubt, sie will etwas von mir, von mir als Mutter. Und dann habe ich für sie in unserem kleinen Häuschen ein Zimmer frei gemacht. Es war für mich wie eine eiskalte Dusche, als sich herausstellte, dass sie gar nicht zu mir gekommen ist, weil sie mich so toll findet. Sondern weil es mit ihrem Vater absolut nicht mehr ging. Sie sollte da raus.

Ich erwarte nicht, dass man seine Mutter über alles liebt. Aber ich erwarte von meinen Kindern, dass eine gewisse Verpflichtung der Familie gegenüber da ist. Dass man sich verantwortlich fühlt. Und das tut sie nicht. Ich bin berufstätig, habe zwei Kinder, aber Madame sitzt vorm Kühlschrank und isst, was ich einkaufe. Sie ist alt genug, um auch mal einkaufen zu gehen oder was zu kochen. Mein Mann hat ihr ein Erbe mitgegeben, und das ist eben ihr Phlegma. Ich komme mit Leuten so schlecht zurecht, die so phlegmatisch sind. Das fordert mich heraus und macht mich wütend. Wenn ich sehe, wie meine Tochter auf dem Bett sitzend staubsaugt, könnte ich zu viel kriegen. Oder wenn sie morgens in voller Montur ins Bad geht, so langsam, also fünf Minuten für fünf Meter.

Ich bin ausgesprochen selbständig, ich bin aktiv und erledige immer alles sofort. Die Menschen in meiner Umgebung lassen sich gerne da reinfallen. Das ist doch so bequem. Es kann sein, dass ich den anderen immer die Entscheidungen abgenommen habe. Und dann bleiben Kinder wie meine Große auf der Strecke, weil sie sowieso schon so wenig Ambitionen haben, etwas zu tun. Vielleicht hab ich da bei ihr was untergraben. Sie traut sich auch nichts zu. Sie sagt, was sie macht, klappt nicht. Sie tut so wenig, und so viel fällt ihr in den Schoß. Sie hat das nur

115

noch nie gemerkt, weil sie sich ja noch nie bemüht hat. Und dann sagt sie noch, bei ihr klappt nie was.

Meine Kleine ist genau das Gegenteil, die diskutiert, die meldet sich, wenn sie meint, ich tu ihr Unrecht; und es ist oft genug passiert, dass ich mich bei ihr entschuldigt hab. Wenn sie Streicheleinheiten braucht, kommt sie und holt sie sich. Dann vergesse ich das auch nicht. Sie ist neun Jahre alt, und ich kann mit ihr heute schon ganz anders sprechen als jemals mit meiner älteren Tochter. Oder auch Erlebnisse erzählen. Die Große hat so wenig erzählt. Ich hätte mich vielleicht nach dem Essen mit ihr aufs Sofa setzen müssen, um den Tag sacken zu lassen. Das hab ich nie gemacht. Das ist ja das Gefährliche an ruhigen Kindern, die vergisst man.

Ich kann ihr jetzt nicht sagen, ich hätte sie früher öfter in den Arm nehmen müssen. Damit kann sie heute nichts mehr anfangen. Sie klinkt sich aus. Sie ist nicht fähig, in einer Gemeinschaft zu leben. Wenn ich sie abends zum Essen gerufen habe, dann hat sie stumm ihr Brot gegessen und ist danach wieder in ihr Zimmer gegangen. Sie hat nie bei mir gesessen, sie war immer nur in ihrem Zimmer. In den letzten vier Jahren hat meine Älteste es wirklich geschafft, in einem klitzekleinen Haus ihr eigenes Leben zu führen.

Vor einem Jahr habe ich ihr gesagt, dass sie bei mir ausziehen muss, wenn sie mit der Schule fertig ist. Jetzt lebt sie mit einer Reisetasche mal bei einer Freundin, mal fährt sie zu ihrem Vater. Wo sie gerade unterkommt, bis ihr Studium anfängt. Ich habe darauf bestanden, dass sie auszieht. Und ich bin froh darüber. Ich schlafe besser. Ich habe einen anderen Bezug zur Wohnung, zu meinen Sachen. Erst recht, nachdem ich die Tür so abgeschlossen habe, dass sie nicht mehr reinkommt, wenn ich nicht zu Hause bin. Jetzt weiß ich, wenn ich da einen Brief hinlege, liegt er auch abends noch da, ungelesen.

Das ist der Stand der Dinge. Es ist keine Bindung da, die Bindung fehlt uns. Das Gefühl, ein Kind zu haben, das zu mir gehört, das irgendwo herumläuft und mein Kind ist, das habe ich bei ihr nicht gehabt. Da war immer eher ein Gefühl der Fremdheit. Wenn ich gemeckert habe, dann habe ich bei ihr immer richtig meinen Frust abreagiert. Bei meiner jüngeren Tochter tut es mir auch gleichzeitig Leid, ihr damit wehzutun. Das war bei meiner Großen anders.

Und das Seltsame ist: Sie ist lieb. Sie ist ein ausgesprochen liebes Mädchen. Sie ist wirklich ein liebes Mädchen. Wenn sie jetzt frech, zickig, aufmüpfig wäre. Vielleicht könnte ich damit besser umgehen. Sie ist deshalb eben so schlecht anzupacken, weil sie so lieb ist.

Gespräch mit dem Familientherapeuten Klaus-D. Peter Bartning

Cornelia Nack: *Mit dem Begriff Familie verknüpfen wir enge Bindungen und Nähe, vor allem zu unseren Kindern. Die Wirklichkeit sieht aber durchaus anders aus.*

Klaus-D. Peter Bartning: Ich denke, das Thema Distanz und Nähe ist ein ganz fundamentales. Für Säuglinge bedeutet es erwiesenermaßen eine Entscheidung über Leben und Tod. Es geht eigentlich um eins der größten, wenn nicht sogar um das größte seelische Grundbedürfnis des Menschen.

Wie es mit Nähe und Distanz aussieht, ist auch ein ganz wichtiges Diagnosemittel, um die jeweilige Situation einer Familie oder einer Paarbeziehung zu bestimmen. Als Therapeut erkunde ich schon im ersten Gespräch: Wer ist wem nahe? Es gibt Familien, die leben extreme Distanz zueinander. Aber es gibt auch Familien mit einem extremen Wunsch nach Nähe. Hier muss immer alles harmonisch sein, es darf keine Distanz aufkommen, und deshalb muss Aggression verleugnet werden. Beide Extreme sind nicht gut, denn ein gewisses Maß an Nähe und Distanz muss da sein.

Normalerweise werden wir gar nicht ständig Nähe empfinden und auch nicht ständig Abstand haben wollen, sondern wir fühlen uns mal so und mal so. Es fluktuiert. Ein verliebtes Paar lebt vielleicht über lange Zeit Nähe, aber irgendwann kann das die Psyche nicht mehr aushalten, und es kommt wieder mehr Distanz. Manchmal gibt es dann Streit, der »erlaubt«, sich wieder auseinander zu dividieren aus der Symbiose, die vorher entstanden ist. Und da wird deutlich, wie es eigentlich gedacht ist von unserer Anlage her: Es ist immer ein Wechsel nötig.

Also, Distanz ist erst mal nicht beunruhigend?
Nein, nur wenn sie zum Dauerzustand wird. Also über lange Wochen oder Monate, dann wird sie natürlich hinterfragenswert.

Wie sieht es aber aus, wenn sich Nähe und Distanz nicht auf verschiedene Zeiträume verteilen, sondern auf verschiedene Kinder?
Das schwierigste Problem dabei ist, dass man meint, man dürfe das nicht. Man müsse alle Kinder gleich lieben. Ich denke, dass man zunächst mal sich selbst gegenüber in jeder Hinsicht ehrlich sein sollte und dann auch sieht, dies eine Kind mag ich jetzt spontan ein bisschen lieber als das andere. Alles, was ich mir nicht eingestehe, bringt eine größere Katastrophe nach sich, wenn es verdrängt wird. Das rächt sich.
Der erste Schritt ist immer: eingestehen. Wer sagt das, wo steht geschrieben, dass man zu jedem Kind oder zu jedem Menschen oder zu den Eltern immer eine positive und gleich gute Beziehung haben soll? Das geht nicht, wir sind keine Maschinen. Wenn diese Unterschiede relativ klein sind, ist das Wichtigste, dass ich sie mir eingestehe und darauf achte, dass ich die Unterschiede nicht vertiefe. Vielleicht sage ich: Ich habe jeden auf seine Weise lieb.

Öffnet das nicht Eltern den Weg, unterschiedliche Zuneigung eher noch deutlicher auszuleben?
Wenn die Distanz allerdings länger anhält oder größer wird und in Ablehnung hineingeht, sollten Eltern sich fragen, was das bedeuten könnte. Warum lehne ich etwa den Jungen ab und fühle mich dem Mädchen näher? Das hat vielleicht eine tiefere Ursache, die in meiner Biographie begründet ist. Es könnte sein, dass Mädchen in meiner Familie geachtet wurden und Jungs nicht –

oder umgekehrt –, und ich setze das jetzt fort, ich wiederhole es. Oder ich ziehe zum Beispiel das zweite Kind dem ersten vor und bin selbst ein Zweitgeborener. Dann setze ich meinen damaligen Kampf gegen den großen Bruder, der mich immer ärgerte, jetzt wieder in Szene – durch die Kinder als Darsteller.

Wenn Eltern also ihren Kindern gegenüber dauerhaft Ablehnung empfinden, hat das sehr häufig mit ihrem Erleben in der Kindheit etwas zu tun. Man kann durch seine Kinder sehr viel über sich lernen, auch und gerade von abgelehnten Kindern.

In vielen Fällen reicht es, wenn Eltern über sich ins Nachdenken kommen. Wenn sich Konflikte immer häufiger entzünden und ein negativer Kreislauf in Gang gesetzt wurde, sollten Eltern eine Beratungsstelle in Anspruch nehmen, denn in der heutigen Zeit ist Erziehung schwierig geworden. Und dort kann ich dann auch sehen, ob die Konflikte auf tiefer liegende Ursachen zurückgehen, die mit meinen längst vergangen gewähnten Kindheitserfahrungen zu tun haben.

Wenn Geschwisterkinder kommen, entstehen Probleme um Nähe und Distanz häufig, weil Eltern sich in die Eifersucht des älteren Kindes nicht einfühlen können.

Eltern kommen oft gar nicht auf diese Idee, weil es ja die Regel gibt: »Wir sind alle eine Familie und haben einander alle lieb.« Das bedeutet hier: »Ein Kind darf auf Geschwister nicht eifersüchtig sein!« Aber die Psyche funktioniert nach eigenen Gesetzen und nicht, wie wir es gerne hätten. Ich denke, dass in jedem Fall, wie stark auch immer, Eifersucht auftreten wird. Selbst dann, wenn das neu angekommene Kind freudig begrüßt und dem älteren Kind erst hinterher klar wird, wie der Alltag nun aussieht.

Eltern sollten dem Kind dieses Gefühl zugestehen und es auch mit ihm besprechen, zum Beispiel: »Du bist ganz schön wütend auf deine Schwester, deinen Bruder?« Dann erfährt man häufig auch, warum: »Jetzt muss ich das immer alleine tun!«, »Du bist so streng geworden!« oder Ähnliches. Für das Kind ist es wichtig zu merken, dass es in seinen Gefühlen und auch bei der Suche nach Lösungen ernst genommen wird. Und die Eltern sollten darauf achten, dass es wieder seine Gute-Nacht-Geschichte bekommt, oder man findet vielleicht andere Formen von Gemeinsamkeit, die es ganz allein mit den Eltern teilen kann.

Auch gescheiterte Partnerschaften können Distanz erzeugen, wenn man Wesenszüge und Eigenschaften des Partners im eigenen Kind wieder entdeckt.

Mit Sicherheit. Dies lässt sich ja auch psychologisch sehr klar verstehen: Ich habe mich getrennt von dem anderen, weil ich mit bestimmten Eigenschaften nicht zu Rande kam. Und nun ist da dieses Kind, das dem Expartner vom Aussehen oder vom Verhalten her ähnelt. Wenn ich die Trennungsgeschichte und den damaligen Konfliktstoff nicht verarbeitet habe, entsteht derselbe Konflikt mit dem Kind. Distanz und Ablehnung können sich dann sogar bis zu einer Ausstoßung steigern.

Ablehnungsgefühle erschweren oft den nötigen Abstand zu sich selbst, um die Ursachen von Konflikten zu ergründen. Man neigt eben dazu zu sagen, das Kind geht mir auf die Nerven, weil es sich immer auf diese Weise verhält, und deshalb habe ich diese Distanz.

Unsere eigene Rolle bei Konflikten zu sehen, das haben wir selten gelernt. Wir suchen lieber Sündenböcke: Ich schiebe das alles auf das Kind, das ist der allein Schuldige. Aber dies stimmt niemals in einer Gemeinschaft von zwei oder mehr Menschen. Da gibt es nie nur einen »Schuldigen«. Unser gewohntes, lineares Ursache-Wirkung-Denken, das gern einen Einzelnen als Ursache der Probleme, als Sündenbock sieht, stößt hier an seine Grenzen. Es funktioniert nicht bei menschlichen Beziehungen. Die Familientherapie hat deshalb das kreisförmige oder systemische Denken entwickelt: Wir leben in der Familie in einem System, in dem wir einander in unserem Verhalten bedingen. Das Tun des einen ist das Tun des anderen.

Das könnte zum Beispiel so aussehen: Die Frau sagt, mein Mann ist so schlampig und unordentlich. Der Mann sagt, du räumst ja immer alles weg, warum soll ich denn aufräumen? Ich mache das sowieso nicht gut genug, dann lasse ich es gleich bleiben. Die Frau bedingt in diesem Beispiel durch ihre besondere Ordnung, dass der Mann aufhört, Ordnung zu machen. Und dadurch bedingt der Mann, dass die Frau wiederum besonders auf Ordnung achten »muss«. Die beiden bilden ein System, sie sind miteinander verwoben, und so ein Kreislauf kann dann immer mehr eskalieren.

Im zirkulären systemischen Denken gibt es keine Ursache-Wirkung mehr und somit keinen Sündenbock. Deshalb ist auch ein Kind niemals allein Ursache von Konflikten, sondern die Eltern wirken mit, wenn solche Kreisläufe entstehen.

Dabei können ja schnell auch Rollenzuweisungen ins Spiel kommen. Ein Kind erhält zum Beispiel die Rolle des ewigen Streithammels oder der Nervensäge.

Dann läuft schon der Kreislauf, und zwar sehr massiv! Wenn ich sage: »Du bist«, ist das ja schon eine Rollenzuweisung expressis verbis, aus der kann fast kein Kind mehr heraus. Etwas anderes ist es, wenn ich sage: »Was du vorhin gemacht hast, das bringt mich auf die Palme«, denn es bezieht sich auf die Handlung und enthält keine Beschreibung der Person. Aus Zuschreibungen, die die Person betreffen und die sich in einem »Du bist« ausdrücken, hat das Kind wenig Chancen, wieder herauszukommen. Solche Verallgemeinerungen können zu einer sich selbst erfüllenden Prophezeiung werden: Irgendwann übernimmt das Kind dann auch die Rolle, die ihm zugeschrieben wurde. Deshalb ist es besser, wenn Eltern Aussagen in der Ichform machen, also: »Ich bin wütend, weil ...«

Eltern leben ja vor, wie in einer Familie mit Konflikten umgegangen wird. Wenn sie vormachen, dass Verantwortung für irgendetwas auf andere geschoben wird, lernen die Kinder nicht, sich selber und ihre eigene Beteiligung an einem Konflikt anzusehen. So kann ein Kind als Sündenbock dann auch noch von den Geschwistern alles abbekommen, denn die machen einfach nur nach, was ihnen vorgelebt wird. Dann kommt der Sündenbock aus dieser Rolle natürlich überhaupt nicht mehr heraus.

Eine andere Sündenbock-Situation entsteht, wenn Eltern Eigenschaften, die sie bei sich selbst als negativ empfinden, auf ihre Kinder projizieren.

Im Kind wird dann das gesehen, was ich bei mir nicht wahrnehmen will, und beim Kind wird es bekämpft. Meine Schüchternheit etwa, die ich mir in meinem Beruf als Manager nicht erlauben darf. Damit ist das schüchterne Kind ein Sündenbock geworden, und es reagiert dann sicherlich darauf. Beispielsweise mit noch größerer Schüchternheit, Zurückgezogenheit.

Ein anderes Beispiel: Ein Kind wird zu mir in die Therapie gebracht, weil es Bettnässer ist. Es wird deutlich, dass dies in den Augen des Vaters eine Schwäche ohnegleichen ist, und er reagiert darauf mit der Haltung: Nimm dich doch zusammen! Dann stellt sich heraus, dass der Vater selbst als Kind Bettnässer war, der hätte doch eigentlich seinen Sohn verstehen müssen. Aber er verdrängt sein eigenes Erleben, denn es ist für ihn »unmännlich«, es ist eine Schwäche. Jedes – vermeintliche – Anzeichen von Schwäche erhält dadurch auch bei der Erziehung seines Sohnes ein enormes Gewicht. Und bekommt nun viel Aufmerksamkeit. Aber ein Verhalten, durch das jemand Aufmerksamkeit – auch negative – bekommt, verstärkt sich. Das Thema, das vielleicht gar keines geworden wäre, wird etwa durch ständige Ermahnungen erst zum Thema gemacht, bis das Kind seinerseits eben zum Beispiel zu einem Bettnässer wird. Und damit ist der Kreislauf wieder bestätigt.

Die Tragik ist, dass wir uns selbst und unserer Biographie nicht entfliehen können. Was wir bei uns nicht bearbeiten, nicht wahrnehmen wollen, das produzieren wir wieder unbewusst, lassen es zum Beispiel durch ein Kind wieder darstellen.

Gibt es denn Möglichkeiten für Eltern, solche Kreisläufe selbst zu erkennen und zu durchbrechen?

Die Aufgabe besteht darin, zu sehen, dass alles, was das Kind tut, auch ein Hinweis auf mich und mein Verhalten sein kann, und es stellt sich die Frage: Was kann auch ich daraus lernen? Das erfordert aber ein Heraustreten aus der Situation, was manche Eltern nicht können oder nicht wollen. Viele kommen ja erst auf die Idee, etwas zu unternehmen, wenn Symptome wie das Bettnässen auftreten. Es fällt Eltern oft schwer, ihre eigene Beteiligung an Problemsituationen einzusehen, und sehr häufig heißt es dann sinngemäß: Ja, wir sind doch aber wegen des Kindes hier, bitte »reparieren« Sie es!

Ich denke, die wichtigste Voraussetzung ist die Bereitschaft zu akzeptieren, dass nicht dieses Kind dort ein Problem hat, sondern wir miteinander. Und wir miteinander können dann daran auch etwas ändern. Das Kind ist ein Indiz dafür, dass in unserem Miteinander etwas verbesserungsbedürftig ist. Wenn wir nichts verändern, werden sich negative Kreisläufe immer mehr verfestigen, sich selbst bestätigen, immer mehr eskalieren.

Um etwas zu ändern, können Eltern sich fragen: Welche Situationen gibt es, die immer auf ähnliche Weise ablaufen zwischen uns und unseren Kindern? Immer wieder bei diesem Thema? Oder wo wiederholen sich Konflikte bei unterschiedlichen Themen, aber mit derselben Struktur? Oder reagieren wir auf ein Kind besonders allergisch?

Wenn wir als Eltern das erkennen, sollten wir mit dem Kind darüber sprechen. Klärungen und Gespräche sollten zum Alltag gehören, damit Konflikte nicht zu Zerreißproben werden, sondern allen neue Lebensräume öffnen.

Ich meine, dass wir Eltern uns den Mut – und die Freude! – nehmen sollten, miteinander als Familie Wege zu suchen. Anleitungen dafür finden sich ja zum Beispiel in dem Klassiker von Thomas Gordon, der *Familienkonferenz*. Hilfe zur Selbsthilfe können auch die spielerischen Übungen in dem Buch *Selbstwert und Kommunikation* der großen Familientherapeutin Virginia Satir sein. Und wissen wir einmal gar nicht mehr so recht weiter, ist es keine Schande, sondern vielmehr ein Zeichen von Verantwortungsbewusstsein und Fürsorge, wenn wir zu einer Beratungsstelle oder Familientherapie gehen.

Dabei sollte man nicht vergessen: Es geht nicht um »noch mehr« Arbeit, die wir uns machen müssten, sondern darum, dass wir viel Gutes von unseren Kindern lernen können. Miteinander unser Leben zu gestalten, kann sehr beglückend sein.

Das schwierige Kapitel vom Grenzensetzen

Unabhängig davon, in welcher Rolle wir mit anderen Menschen zu tun haben, stets wird auch das Spiel um Grenzen beteiligt sein. Sich gegen andere abzugrenzen und die Grenzen anderer zu respektieren, sind Grundvoraussetzungen für ein demokratisches Miteinander. Im alltäglichen Umgang gehen viele solcher Abgrenzungen fast unmerklich vor sich, denn wir verfügen über ein großes, fein abgestuftes Repertoire an mimischen, gestischen und sprachlichen Mitteln, andere in ihre Schranken zu verweisen. Und ebenso unmerklich, ja unbewusst verstehen und reagieren wir auf die Grenzsignale anderer.

Unser Geschick im Umgang mit Grenzen wird vor allem dann auf eine unumgängliche Probe gestellt, wenn unterschiedliche Interessen aufeinander prallen und Grenzen sich deutlich überschneiden. Wer sich scheut, sein Terrain abzustecken, wird bald keinen Boden mehr unter den Füßen haben und somit auch keinen Handlungsspielraum. Wer sein Gebiet immer wieder ausweitet, ohne auf die Belange anderer Rücksicht zu nehmen, ist auf seinem »Großgrundbesitz« bald allein, denn notorische Grenzverletzer bezahlen auf die eine oder andere Art immer mit dem Verlust menschlicher Nähe. Zwischen diesen beiden Polen gilt es also die Balance zu finden: fest und dennoch flexibel zu sein, Zugeständnisse zu machen, ohne den eigenen Standpunkt aufzugeben, Distanz zu wahren, ohne den Kontakt abzubrechen – kein leichtes Spiel.

Wer Kinder hat, wird sich in besonderem Maß dieser Aufgabe stellen müssen, denn Kinder müssen den Umgang mit Grenzen erst lernen. Viele Eltern haben damit jedoch große Probleme. Dies liegt zum einen daran, dass sich Eltern heute über Erziehungsnormen unsicherer sind denn je. Der Bruch mit den alten, über Generationen hinweg weitergegebenen Erziehungsvorstellungen könnte kaum eklatanter sein. Um die entstandenen Lücken zu füllen, sind Eltern heute in vielen Einzelfragen auf sich selbst angewiesen.

Viele von ihnen fühlen genau, was sie ihren Kindern ersparen möchten – das Einfordern von beengenden Verhaltensnormen, stures Anordnen und strammes Gehorchenmüssen sollen, vielleicht aus eigener bitterer Erfahrung, in ihrem Zusammenleben mit Kindern keinen Platz mehr haben. Hier wird besonders deutlich, wie schwer es ist, aus den ausrangierten Werten die sinnvollen Anteile herauszufiltern: Der Vorsatz, Kindern mehr Entscheidungs- und Verhaltensfreiheit zuzugestehen, führt zu einer großen Unsicherheit darüber, wann denn überhaupt ein klares Nein zu vertreten sei.

Die natürlichen Expansionsbestrebungen von Kindern treffen deshalb oft auf eine hohe seelische Barriere der Eltern, ihnen die persönliche Freiheit zu beschneiden. Hier mag sich auch die große Wertsteigerung auswirken, die Selbstbestimmung und Selbstverwirklichung in unserer Gesellschaft in den letzten Jahrzehnten erfahren haben. Verzicht, Selbstbeschränkung, mühsames Hinarbeiten auf ein Ziel und das Ertragen von Enttäuschung, wenn sich diesem Ziel Hindernisse in den Weg stellen, sind dagegen als wichtige Fähigkeiten zur Lebensbewältigung aus der Mode gekommen. Eltern müssen in diesem Spannungsfeld jedoch täglich aufs Neue zu klaren Positionen kommen und sehen sich häufig überfordert, wenn es darum geht, den grenzenlosen Wünschen und Forderungen der Kinder Grenzen zu setzen.

Zum anderen sind Eltern oft nicht in der Lage, die Distanz auszuhalten, die entsteht, wenn sie dem Kinderwillen ihren eigenen entgegensetzen. Wer von anderen etwas verlangt oder ihnen etwas abschlägt, muss mit Protest und enttäuschten Reaktionen rechnen – und Kinder verfügen über eine deutliche Sprache, Protest und Enttäuschung auszudrücken. Mit der Harmonie ist es also für eine Weile vorbei. Hier kommt der elterlichen Konsequenz eine andere Wertsteigerung in die Quere, nämlich die große Bedeutung, die ein harmonisches Familienleben und insbesondere ein harmonisches

Eltern-Kind-Verhältnis für unser seelisches Gleichgewicht heute besitzen.

Erwachsene sehen sich, wenn sie Grenzen setzen müssen, oft unversehens in der Rolle von »hartherzigen«, »bösen«, »autoritären« Erziehern, die mit ihrer »Strenge« Kinder zum Weinen oder zu Wutausbrüchen bringen. Sich selbst in dieser ungeliebten Rolle zu ertragen, bis der Konflikt ausgestanden ist, bedeutet für Eltern oftmals eine Belastung, der sie nicht standhalten können. Sie geben nach und bereiten damit den Boden für immer neue Auseinandersetzungen.

Diesen Mangel an Standfestigkeit führen Psychologen auch auf alte Erziehungsmuster zurück, die in Grenzkonflikten mit den eigenen Kindern wieder wirksam werden. Viele Eltern, und vor allem Mütter, sind mit der Botschaft groß geworden: Wenn du tust, was ich will, bist du ein liebes Kind; wenn nicht, bist du ein schlechtes Kind, das man nicht lieben kann. Diese Botschaft hat sich oftmals so nachhaltig eingeprägt, dass Schuldgefühle und Angst vor Liebesverlust auch später immer wieder entstehen, wenn der eigene Wille den Kindern gegenüber durchgesetzt, ihre Enttäuschung ausgehalten und dem Druck der »Überredungsversuche« widerstanden werden muss.

»Ein derartiges, früh geprägtes Muster macht die inzwischen Erwachsenen auch heute noch anfällig für Manipulationen, sofern sie sich noch nicht von der Rolle des ›unartigen Kindes‹ verabschiedet haben«, erklärt die Familientherapeutin Gabriela Martens. »Nicht selten sind diese Manipulationen ein wirksames Mittel, uns umzustimmen und von unserem Nein wieder abzubringen. Besonders anfällig sind Menschen, die stark von der Zustimmung anderer abhängig sind und es daher allen recht zu machen versuchen.«[49]

Hinter dem Unvermögen, Kindern mit einem deutlichen Nein entgegenzutreten, kann sich auch ein Selbstschutz-Mechanismus verbergen, der auf dem Gedanken beruht: Wenn ich dir alle Wünsche erfülle, wirst du auch meine Wünsche erfüllen; wenn ich dir keine Schwierigkeiten mache, wirst auch du mir keine machen.

All diese Angriffsflächen führen dazu, dass Eltern oftmals der leidigen Pflicht des Grenzensetzens ausweichen, um Konflikte zu vermeiden.

Abmachungen werden storniert, feste Regeln bekommen Löcher wie ein Schweizer Käse – um des lieben Friedens willen. Mütter und Väter nehmen Zuflucht zu langatmigen Erklärungen und lassen sich auf endlose Diskussionen ein in der Hoffnung, nun werde das Kind Einsicht zeigen. Diese Rechnung geht jedoch nicht auf – sie kann es gar nicht, denn das Suchen und Austesten von Grenzen, dinglichen wie zwischenmenschlichen, ist ein Grundelement kindlicher Entwicklung. Kinder brauchen klare Grenzen, denn sie wollen wissen, woran sie sind und wie weit sie gehen können. Das Entgegenkommen der Eltern wird also immer wieder auf die Probe gestellt werden, und ihre unsichere Gutwilligkeit lässt sich bald nur noch mit zusammengebissenen Zähnen aufrechterhalten.

Der aufgestaute Ärger und Gefühle von Ohnmacht und Niederlage entladen sich dann häufig in überbordenden Reaktionen, deren Heftigkeit manchmal in keinem Verhältnis mehr zu dem vergleichsweise nichtigen Anlass steht, der schließlich den Geduldsfaden reißen lässt. Der Konflikt, den die Eltern so gern vermeiden wollten, bricht jetzt mit ungezügelter Macht über alle Beteiligten herein.

Weil sie nicht herrschen wollen, verpassen Eltern oft den richtigen Zeitpunkt, sich auf einen festen Standpunkt zu stellen. Doch innere Festigkeit hat mit Zwang und Herrschaft ebenso wenig zu tun wie mit Wut, Geschrei und gewaltsamen Affekthandlungen, wenn Eltern schließlich am Ende ihrer Beherrschung sind. Wer Kindern rechtzeitig und konsequent Grenzen setzt, erweist sich als verlässlich, denn er ist in seinem Verhalten folgerichtig und berechenbar. Für das Sicherheitsgefühl von Kindern, für ihr »Urvertrauen« ist eine solche Berechenbarkeit von großer Bedeutung, und sich sicher zu fühlen, ist wiederum eine Voraussetzung für die Bildung von Selbstwertgefühl und Selbständigkeit. Eltern, die häufig zwischen grenzenlosem Gewährenlassen und emotionalen Überreaktionen pendeln, sind für das Kind unberechenbar und stürzen es in Unsicherheit und Orientierungslosigkeit.

Verbindliche Absprachen, klare Regeln, feste Grenzen sind dagegen Orientierungshilfen für Kinder, sich in der Welt zurechtzufinden. Ohne Frage sind Grenzen auch mit einer Einschränkung von Freiheit verbunden, aber sie bedeuten nicht – wie das Protestgebrüll der

Kinder uns häufig glauben macht – den Beginn des Sklavendaseins. Angemessene Grenzen stellen zugleich auch einen überschaubaren Raum zur Verfügung, in dem man sich bewähren und wachsen kann, der Halt gibt und motiviert, Neues zu wagen. Nichts sollte Eltern hindern, diesen Raum gemeinsam mit dem Kind immer wieder auf seine Angemessenheit hin zu untersuchen, Grenzen neu zu stecken und zu erweitern – nicht aus einer Position der Schwäche heraus, sondern in Anerkennung neuer Fähigkeiten, die das Kind erworben hat.

Grenzen, die beibehalten werden, obwohl das Kind ihnen schon längst entwachsen ist, stehen hingegen einer Weiterentwicklung im Wege. Sie engen ein und entmutigen. Sie beinhalten Misstrauen statt Vertrauen in die Fähigkeiten des Kindes und können deshalb Selbständigkeit und Selbstwertgefühl nicht fördern. Eltern, denen es schwer fällt, Grenzen zu erweitern, handeln oft in der guten Absicht, die Kinder vor negativen Erfahrungen zu schützen. Oder um sich selbst Unbequemlichkeiten und zusätzlichen Aufwand zu ersparen. Doch neues Können schließt immer auch misslungene Versuche und Pannen ein. Kinder müssen deshalb Gelegenheit erhalten, die Grenzen ihrer Fähigkeiten auszuloten. In diesem Sinne Grenzen bewusst zu erweitern heißt nicht, nachgiebig zu sein, sondern beweist Einfühlungsvermögen und Wertschätzung.

Grenzen sind für Kinder nicht nur Orientierungspunkte in der Auseinandersetzung mit dem eigenen Können, sondern vor allem auch Lernhilfen bei der Entwicklung von sozialen Kompetenzen. Sich einer Gemeinschaft zugehörig zu fühlen und als Teil einer Gemeinschaft verantwortlich zu handeln, ist nur möglich auf der Grundlage gegenseitiger Achtung. Eltern, die immer wieder Grenzüberschreitungen und -ausweitungen oder provozierende Angriffe auf ihre Person wie etwa Beschimpfungen zulassen, untergraben dieses Gefühl gegenseitigen Respekts und erschweren ihrem Kind, wichtige soziale Fähigkeiten zu erwerben.

Wer ohne Grenzen aufwächst, »entwickelt kaum ein Gefühl für den Mitmenschen und für äußere Notwendigkeiten. Vielmehr wird er von seinen Gefühlen und Wünschen überflutet und lernt nicht, diesen Impulsen einen angemessenen Raum zu geben, der auch noch anderen Platz läßt. Er kann die Balance zwischen persönlicher und sozialer Identität nicht herstellen und damit seine Mitte nicht finden.«[50] Die Folgen sind ein aus den Fugen geratenes Kräfteverhältnis in der Familie und Kinder, die sich in ihrer Ich-Bezogenheit zu Tyrannen entwickeln. Zwangsläufig wird auch die Selbstachtung der Eltern betroffen sein, wenn sie vom Kind keine Achtung verlangen – hier tut sich eine neue Quelle für Aggressionen und Machtkämpfe auf.

Eine wesentliche Voraussetzung für Grenzziehungen besteht darin, dass Eltern klare und verständliche Absprachen mit dem Kind treffen, möglichst in einer Situation, in der beide Seiten innerlich ruhig und aufnahmebereit sind. Grenzen werden sehr häufig nicht eindeutig formuliert. Sie können sich hinter Anklagen verbergen (Nie kannst du ..., immer willst du ...!), hinter unverbindlichen Bitten (Könnt ihr vielleicht mal leiser sein?) oder hinter »Wir«-Formeln, die gar nicht den Tatsachen entsprechen (Wir wollen aber heute nicht auf den Spielplatz gehen!). Nicht zuletzt verstecken sie sich hinter Pauschalierungen, die den anderen von vornherein ins Unrecht setzen (Kein Mensch würde auf die Idee kommen ..., So benimmt man sich nicht!).

Für Eltern und Kinder wird der Umgang mit Grenzen leichter, wenn Gefühle, Wünsche und Forderungen in unmissverständlicher Ichform ausgedrückt werden – bei der Absprache von Regeln und auch in Konfliktsituationen, wenn es um die Einhaltung von Absprachen geht. Konkrete Aussagen wie »Ich habe hier ein wichtiges Telefongespräch zu führen und möchte nicht gestört werden« statt »Du nervst fürchterlich, wenn du dauernd dazwischenquasselst« lassen nicht nur den eigenen Standpunkt klar erkennen, sie beziehen sich außerdem auf eine bestimmte Situation oder Sachlage und kommen ohne pauschale Verurteilungen und Einschüchterungen aus. So werden Grenzen deutlich, ohne das Gegenüber persönlich herabzusetzen und zu verletzen. Auf diese Weise können Erwachsene auch viel leichter Ängste und Befürchtungen ehrlich benennen, die der Anlass dafür sein können, einem Kind etwas zu verwehren: »Ich habe Angst um dich, wenn du allein dorthin gehst« statt »Kommt gar nicht in Frage, das kannst du noch nicht!«

Ein Standpunkt, der auf Kritik an der Person des Kindes verzichtet, ermöglicht es Eltern schließlich, verständnisvoll auf seine Gefühle von Ärger und Enttäuschung zu reagieren – und dennoch bei einem Nein zu bleiben. Sich auch dann verstanden und respektiert zu fühlen, wenn sich eigene Wünsche nicht durchsetzen lassen, macht es wiederum Kindern leichter, ein Nein anzunehmen.

Ein indirektes Nein lädt indessen geradezu zu Versuchen ein, die Erwachsenen doch noch herumzukriegen, bis sie nachgeben oder wütend werden. Eltern, die als Heranwachsende wenig Freiraum erhalten haben, Gefühle und Wünsche deutlich zu äußern, werden mit dem Formulieren von klaren Positionen vielleicht Neuland betreten müssen. Wer dazu den Mut findet, wird durch positive Erfahrungen mit einer offenen, direkten Kommunikation aber auch die Ängste verlieren, die das Ringen um innere Standfestigkeit begleiten können.

Wer Grenzen setzt, kommt nicht umhin, sich selbst und dem anderen rechtzeitig klarzumachen, welche Folgen Grenzüberschreitungen nach sich ziehen – Kinder müssen die Konsequenzen von Grenzverletzungen einschätzen können, und Erwachsene müssen bereit sein, zu ihrem Wort zu stehen. Indem sie bei Grenzüberschreitungen sachlich und bestimmt die abgesprochenen Konsequenzen folgen lassen, erweisen sie sich als verlässliche Partner, die man ernst nehmen kann – und von denen auch das Kind in seinem Handeln ernst genommen wird. Wilde Drohungen können Kinder nicht zum Einhalten von Grenzen motivieren. Ihre anfängliche Wirkung verpufft ohnehin schnell, wenn Kinder merken, dass das angekündigte Unheil nicht eintrifft. Ebenso erfolglos sind unverhältnismäßige, nicht auf die jeweilige Grenzüberschreitung bezogene Folgen, denn sie können Grenzen nicht einsichtig machen und fordern den Widerstand des Kindes heraus.

Grenzen einzuhalten – dieses Ziel lässt sich viel eher erreichen, wenn die Absprache eine Gemeinschaftsarbeit ist, bei der die Kinder ein Recht auf Mitwirkung haben: Der Umgang mit Grenzen erfordert eine Basis des offenen Miteinanders und gegenseitigen Verständnisses. Grenzüberschreitungen können ein Hinweis darauf sein, dass eine Absprache an den Bedürfnissen von Kindern oder

ihren seelischen und körperlichen Leistungsmöglichkeiten vorbei-
geht.

Torsten zum Beispiel hat sich in der letzten Zeit immer wieder Ärger
eingehandelt, weil er sich nicht an die Abmachungen bezüglich
seines Fernsehkonsums gehalten hat. Mord, Totschlag und das
Dauerfeuer aus futuristischen Waffenarsenalen halten seine Eltern
für ungeeignete Unterhaltung, und sie haben ihn mehrfach dabei
erwischt, wie er sich heimlich Sendungen anschaute, die ihren
Vorstellungen von Kinderprogramm absolut nicht entsprechen. Als
auch ein mehrfaches Fernsehverbot nicht fruchtet, entschließen
sich die Eltern zum ernsten Gespräch.

Dabei stellt sich heraus, dass Torsten einfach keine Lust mehr auf
die »Baby-Filme« hat, die »vor ewigen Zeiten« von den Eltern für
ihn ausgesucht wurden. Auch bei seinen Freunden kann er überhaupt nicht mehr mitreden, wenn die sich begeistert über die gerade
angesagte Serie auslassen. Torsten behauptet empört, die Eltern
würden ihm etwas verbieten, wovon sie überhaupt keine Ahnung
hätten. Die Eltern versprechen, der Sache auf den Grund zu gehen,
und schauen sich mit ihm ein paar der umstrittenen Sendungen
an. Mit der »Programmreform«, die danach gemeinsam ausgear-
beitet wird, sind zwar nicht alle, aber zumindest einige von Torstens
Wünschen zu erfüllen.

Kein noch so ausgiebiges Gute-Nacht-Ritual kann Laura in ihrem
Bett halten. Immer wieder kreuzt sie im Wohnzimmer auf, wo die
Eltern ihren Feierabend genießen möchten, und lässt alle Unter-
haltungstalente spielen. Ihr Repertoire an Geschichten, die unbedingt noch erzählt werden müssen, ist unerschöpflich. Vergebens
bestehen die Eltern darauf, dass geschlafen werden muss, wenn
der Tag zu Ende und das Licht im Kinderzimmer ausgegangen ist.
Viele solcher Abende enden mit Streit und Tränen, wenn der Vater
sein Kind schließlich entnervt ins Bett verfrachtet und mit einem
»Jetzt wird verdammt noch mal geschlafen!« die Tür energisch ins
Schloss fallen lässt.

Auch Lauras Eltern versuchen schließlich, die Motive für die wiederkehrende Grenzüberschreitung herauszufinden, die Kindern häufig gar nicht bewusst ist.

Laura kann einfach nicht auf Kommando einschlafen, so vieles geht ihr noch im Kopf herum. Die Dunkelheit und Abgeschlossenheit ihres Zimmers sind ihr außerdem unbehaglich. Ihr Kind, so stellen die Eltern fest, braucht einfach eine längere Phase des Übergangs von den Tagesaktivitäten zur Nachtruhe. Die neue Abmachung lautet: Laura darf zwar abends in der Welt der Erwachsenen nicht länger herumturnen, aber vor dem Einschlafen noch eine Weile in ihrem Zimmer spielen, singen oder dem Teddy Geschichten erzählen. Sie bekommt ein Nachtlicht und die Tür ihres Zimmers bleibt offen, weil die Stimmen und Schritte der Eltern, das Klappen der Badezimmertür ihr das Gefühl nehmen, allein und ausgeschlossen zu sein.

Die Beispiele zeigen, dass das Setzen von Grenzen wenig gemein haben muss mit dem hässlichen Bild von kategorischen Nein-Sagern und autoritären Besserwissern. Grenzen, die verbindlich und dennoch offen für die Belange aller Beteiligten gesetzt werden, zwingen weder in ein Korsett von Vorschriften, noch überlassen sie Kinder der haltlosen Leere einer Laisser-faire-Erziehung. Sie geben Spielraum für Erneuerung und Änderung von Absprachen (an die sich im Übrigen auch Erwachsene zu halten haben – wie anders könnte der positive Umgang mit Grenzen sonst vorgelebt werden) und kommen auch durch die eine oder andere bewusste Ausnahme nicht ins Wanken.

 ## Carola (44) ist allein erziehende Mutter einer siebenjährigen Tochter

Mein Vater hat nie Grenzen gesetzt, also da konnte man alles machen. Egal, wie man sich danebenbenahm, es war immer noch in Ordnung. Dem tanzten wir ganz übel auf der Nase herum, sogar so weit, dass wir schrien: Hau ab, du Trottel, du nervst uns! Ganz böse, von meiner Mutter abgeschaut, und die war eben das krasse Gegenteil. Da konnte man sich nicht die kleinste Kleinigkeit erlauben, man wurde sofort abgewürgt. Ich konnte überhaupt nicht wachsen und erblühen, mein Selbstwertgefühl konnte sich überhaupt nicht entfalten, weil meine Mutter immer alles abgeschnitten hat. Wenn Besuch da war, und ich war dann vielleicht mal ein bisschen kecker, wurde ich gleich in meine Schranken verwiesen. Wir durften gar nichts, durften keine Kinder zum Spielen mit nach Hause bringen, weil sie das gestört und genervt hat. Darunter habe ich sehr gelitten – unter diesem unendlich Dehnbaren ebenso wie unter diesem: Nein, kommt gar nicht in Frage, kommt nicht in die Tüte.

Als Mutter habe ich das Grenzensetzen immer gleichgesetzt mit Abschneiden, mit Einengen und Unterdrücken – weil ich durch meinen Leidensweg erfahren habe, wie wichtig es ist, dass man sich entfalten kann. Auch mal in eine Richtung, die den Erwachsenen nicht so gefällt, aber trotzdem akzeptiert wird. Ich hatte deshalb von Anfang an massive Schwierigkeiten, meinem Kind Grenzen zu setzen, indem man zu Dingen, die wirklich nicht in Ordnung sind, nein sagt, ein ganz natürliches Nein.

Schon beim kleinsten Laut, den Hanna von sich gab, bin ich aufgesprungen und habe dieses Kind stundenlang durch die Wohnung getragen, bis zu meiner eigenen tiefen Erschöpfung. Weil ich verinnerlicht hatte, es schädigt das Urvertrauen des Kindes, wenn man es schreien lässt. Ich hab mir auch nie klargemacht, dass es ja ein himmelweiter Unterschied ist, ob man ein Kind eine Stunde schreien lässt oder ob man ihm sein Schreien auch mal zugesteht. Heute denke ich, ich hätte ihr die Chance geben sollen, mal zehn Minuten zu schreien, weil sicher manches Schreien auch ein Frustschreien war, das rausmusste. Das konnte ich leider nicht unterscheiden, und damit fing es schon an, dem Kind keine Grenzen zu setzen.

Je älter Hanna wurde, umso deutlicher war zu merken, dass sie daran gewöhnt war, ihren Willen oder ihr Bedürfnis sofort befriedigt zu bekommen. Sie hat mich mit ihren Forderungen wirklich drangsaliert. Als sie drei war, habe ich mit ihr einen Club-Urlaub gemacht, wo ich sie die ganze Zeit mit der Karre durch die Anlage kutschieren musste, weil sie kaum einen Schritt selber gehen wollte. Und währenddessen hat sie munter ihre Stofftiere hinter sich geschmissen, und ich bin gerannt und hab die Sachen ständig wieder eingesammelt. Ich habe immer wieder nachgegeben, weil immer ein schlechtes Gewissen hochkam: Du kannst das Kind nicht so einfach abschneiden.

Ich hab immer sehr lange mitgespielt, bis ich dann irgendwann nicht mehr konnte. Und dann wurde ich sauer, es hatte sich so viel angesammelt, dass auch unangemessen viel rauskam. Dann gab es so ein Donnerwetter in Form von Gebrüll und Geschrei, dass dieses Kind völlig zusammenzuckte, nicht mehr wusste, was los war, und völlig verschüchtert war. Nach dieser Einschüchterung ging es dann wieder eine Weile gut. Aber das war kein Grenzensetzen, sondern einfach nur: Ich kann nicht mehr, es muss jetzt was geschehen! Und dann kam das auf eine Weise raus, die das Kind verstört hat. Na ja, und das wiederholte sich.

Hanna hat mich oft benutzt wie einen Pingpongball, und ich hab gedacht: Wie geht dieses kleine Biest mit dir um! Erst wollte sie etwas, dann wollte sie es wieder nicht. Wenn sie auf Konfrontationskurs war, hat sie mich immer wieder getriezt und mir zugesetzt. Und da hab ich sie mir mal gepackt und sie in die Dusche gestellt. Ich hab sie nicht eiskalt abgeduscht, aber schon so, dass sie einen Schrecken kriegte. Mal kaltes Wasser ins Gesicht, so dass sie ganz erschrocken darüber war, wozu ihre Mama fähig ist. Und dann war es gut. Nur ich hatte hinterher ein schlechtes Gewissen.

Ich kann mit Neinsagen eben schlecht umgehen, ohne ein schlechtes Gewissen zu haben. Ich kann nicht dabei bleiben und es ertragen, dass vielleicht eine halbe Stunde oder eine Stunde dicke Luft ist, das ist für mich ganz furchtbar. Ich bin meistens diejenige, die wieder ankommt und Frieden stiftet, weil ich an mich den Anspruch habe, ich müsse das tun.

Inzwischen habe ich eine Therapie gemacht und immer mehr dahinterblicken können, was mit dem Grenzensetzen gemeint ist. Dass man bei seinem Ja oder Nein bleibt, so dass das Kind lernt, hier kann ich langgehen, und hier ist es nicht okay. Aber es ist für mich oft so schwer zu unterscheiden, was richtig ist und was nicht. Man wird häufig unter Druck gesetzt durch Meinungen von außen. Durch das, was nun gerade als gut und richtig gilt. Ich musste erst lernen, dass mein Gefühl der Maßstab ist und nicht andere Mütter und Erwachsene, die mir vielleicht reinreden wollen, und auch kein Erziehungsheft. Man muss sich gar nicht groß an Ratgebern oder Erziehungsstilen orientieren, denn was für eine andere Mutter in Ordnung ist, muss es für mich noch lange nicht sein. Damit muss das Kind lernen zurechtzukommen. Ich bin der Maßstab, und ich muss mich bemühen zu durchschauen, wo meine Defizite sind, wo ich inkonsequent bin. Und dann muss ich versuchen, daran zu arbeiten.

Ich habe mich in vielem geändert und setze meinem Kind heute Grenzen, bei denen ich bleiben kann. Ich kann auch besser realistische Konsequenzen aufzeigen und durchziehen. Früher habe ich Hanna immer das Blaue vom Himmel angedroht. Dinge, die man nie wahr macht. Sie kapiert jetzt schon, dass bestimmte Grenzen nicht zu überschreiten sind. Aber ich denke mal, sie hat auch unnötig dafür leiden müssen, weil ich oft so hin- und hergerissen war.

Und in manchen Punkten bin ich es nach wie vor. Ich hatte als Kind ganz massive Schlafstörungen. Abends im Bett bekam ich richtig Panikattacken und Zwangsvorstellungen, unter dem Bett liegt ein böser Mann, und sobald ich eingeschlafen bin, kommt der und würgt mich. Mein Vater war extrem verständnisvoll, was dazu führte, dass er ständig Streit mit meiner Mutter hatte. Die war dagegen äußerst ablehnend und hatte überhaupt kein Verständnis. Diese Schlafprobleme hat Hanna sehr früh reproduziert. Als Baby ging das schon los, man konnte sie zum Schlafen nie ins stille Zimmer schieben, die musste immer Lärm um sich haben. Kaum konnte sie sprechen, hat sie gesagt, sie hätte Angst allein im Zimmer. Was ich nur zu gut verstehen konnte. Und sie schläft bis heute bei mir im Zimmer. Ich denke oft, was wohl sein würde, wenn ich mal jemanden kennen lernen sollte, mit dem ich ungestört abends zusammen sein will.

Ich lasse sie auch oft bei mir im Wohnzimmer auf dem Sofa einschlafen. Da gibt es immer wieder Konflikte, denn ich habe doch auch ein Recht darauf, abends meine Ruhe zu haben, kein Kind mehr neben mir zu haben und kein Kind, das nach mir ruft. Dann kriege ich so eine innere Not, ich habe das Gefühl zu ersticken, und ich verfrachte sie nach oben ins Bett. Aber sofort kommt von ihr voll der Gegendruck. Ich sage immer wieder: Es geht nicht, dass du bei deiner Mutter auf dem Sofa hockst, ich kann mir ja keinen Fernsehfilm frei aussuchen, ich möchte nicht, dass du alles mitkriegst.

Wenn ich dann so weit bin, das Recht auf meinen freien Abend konsequent zu vertreten, ist aber schon so viel Druck angesammelt und er kommt so hart raus, dass das Kind ganz weinerlich ist und nicht weiß, wie ihm geschieht. Dann habe ich sofort wieder Mitleid, denn ich kann mich an meine eigenen Ängste so gut erinnern und habe mir geschworen, mein Kind muss das nicht ausstehen. Damit kann sie mich immer packen, mit ihrem weinerlichen Stimmchen: Mami, da war ein Geräusch, ich hab solche Angst.

An diesem Punkt manifestiert sich ganz konkret mein Unvermögen, natürlich Grenzen zu setzen. Ich bin ständig am Schwimmen. Ich versuche mehr und mehr durchzusetzen, dass sie oben in ihrem Bett einschläft, und dann werde ich wieder weich und sage: Ausnahmsweise darfst du heute auf dem Sofa einschlafen. Und dann denke ich: Du blöde Kuh, jetzt hast du schon wieder einen Schritt zurück gemacht! Vom Verstand her ist mir alles völlig klar, und dennoch entscheide ich Abend für Abend anders, weil ich ja auch jeden Tag anders drauf bin, mal besser und mal schlechter meine Konsequenzen durchziehen kann.

Wissend und sehend gebe ich den Zickzackkurs meiner Eltern weiter, ohne dieses spezielle Problem vernünftig ändern zu können. Das ist vielleicht ein Defizit, mit dem Hanna groß wird und mit dem sie sich irgendwann auch selbst auseinander setzen muss. Ich bin eben kein perfekter Mensch, ich weiß es, ich sehe es, mal kann ich mich meinem Ideal annähern, aber längst nicht immer.

Kampf um die Macht

Niemandem, der tagtäglich mit Kindern zu tun hat, bleibt es erspart, dass er in Auseinandersetzungen verwickelt wird, bei denen es vor allem um eines geht: um Machtpositionen. Kinder fordern uns heraus. Sie müssen es sogar tun, denn sie folgen damit auch einem inneren Entwicklungsprogramm, an dessen Ende ein Mensch steht, wie ihn sich Eltern im Allgemeinen wünschen – selbstbewusst und fähig, sich im Leben zu behaupten, wenn sie nicht mehr schützend die Hand über ihn halten können.

Schon im zweiten und erst recht im dritten Lebensjahr entfalten Kinder auf frappierende Weise das, was man Persönlichkeit nennt. Immer sicherer werden sie in ihrer Motorik, die Handlungsräume werden immer größer, Experimentierlust und Bewegungsdrang scheinen unerschöpflich. Zunehmend bekommen sie jetzt ein Bewusstsein von sich selbst, entwickeln Durchsetzungsvermögen und ein großes Bedürfnis nach Selbständigkeit und Unabhängigkeit. Gefühle differenzieren sich deutlich heraus. Freude, Neugier, Begeisterung, Traurigkeit, Angst oder Wut werden intensiv erlebt und ausgedrückt. Kinder machen in dieser Phase auch die Entdeckung, dass sich Räume, Dinge und der eigene Körper manipulieren und beherrschen lassen – eine wichtige, geradezu sensationelle Erkenntnis, die die Empfindung vermittelt, einfach alles zu können. Die gewonnene Selbstsicherheit ist allerdings noch eine zerbrechliche Angelegenheit: So groß wie das Freiheitsstreben ist auch das Bedürfnis, vom neuen Terrain jederzeit zu Schutz und Geborgenheit zurückkehren zu können.

Die Geduld der Erwachsenen wird in dieser Zeit oft auf eine harte Probe gestellt. Und in keiner anderen Entwicklungsstufe sind Kinder so sehr mit den Erfahrungen von gewaltsamen Erziehungsmaßnahmen konfrontiert wie in dieser Phase. Ihrem Forscherdrang sind keine Grenzen gesetzt, nichts ist vor ihnen sicher. Tausend Einfälle, auf die niemand sonst käme, werden mit Blitzgeschwindigkeit verwirklicht – ohne Rücksicht auf Verluste, dafür mit großen aggressiven Kräften und motorischen Energien. Die Eltern sind ständig auf dem Sprung, um zu retten: das Porzellan vor dem Bodenkontakt, das Sofa vor schmierigen Händen, das Kind vor Stürzen, dem Straßenverkehr, Messern oder heißen Herdplatten.

Kinder dieses Alters sind oft krassen Stimmungsschwankungen unterworfen. Plötzlich scheinen sie wie ausgewechselt, geraten aus nichtigem Anlass in helle Wut und sperren sich gegen Anweisungen. Und da gibt es auf einmal Bereiche im Zusammenleben, die zum Schauplatz nicht enden wollender Auseinandersetzungen werden, weil das Kind hier partout »Chef« sein will: Das Essen, das Anziehen, das Schlafengehen, gemeinsames Einkaufen und nicht zuletzt die Sauberkeitserziehung bieten immer wieder Anlass für heftigen Widerstand und Machtproben.

Wut auszuleben und Widerstand zu leisten, sind für die Persönlichkeitsreifung des Kindes von großer Bedeutung. Der Umgang mit »negativen« Gefühlen wie Wut und Enttäuschung lässt sich nur lernen, wenn sie zugelassen werden dürfen. Erst dann können auch Formen gefunden werden, sie zu ertragen und sie für andere verständlich auszudrücken. Sich aufzulehnen, eigene Macht und Willkür auszuprobieren, ist Voraussetzung für die Entwicklung von Ichstärke, Autonomie und der Fähigkeit, eigene Ansprüche innerhalb sozialer Gleichberechtigung durchzusetzen. Autonomie als wesentliche menschliche Qualität zeigt sich eben nicht nur in ihrer bejahenden, kooperativen Komponente, sondern auch als verneinende, verweigernde Kraft. Nicht von ungefähr enthält die Beurteilung eines Menschen, der sich »nicht alles bieten lässt«, Anerkennung und Respekt.

Die Hürden, die sich mit den vielfältigen Autonomiebestrebungen des Kindes aufstellen, sind für Eltern aber oft nur schwer zu überwinden. Das gilt nicht nur für das so genannte Trotzalter, sondern auch für spätere Entwicklungsstufen, in denen Kinder neue Selbständigkeiten erwerben und einfordern. Mit der Einschulung meiner Tochter zum Beispiel schien plötzlich der Intelligenzquotient ihrer Eltern erheblich gesunken. Aus vielem, was wir meinten und taten, sprach für sie plötzlich die pure Idiotie. Der neue Schülerinnenstatus lud deutlich zu Kraftproben ein. Er brachte andererseits aber auch – als Ausdruck eines größeren Sicherheitsbedürfnisses – das Hand-in-Hand-Gehen mit den Eltern wieder in Mode.

Väter und Mütter finden sich gegenüber ihren Kindern, die nach Autonomie streben, oft unversehens in Machtkämpfen und Konfliktsituationen wieder, bei denen sie sich aufs Äußerste herausgefordert und zu Schimpfkanonaden, Schreianfällen und auch Tätlichkeiten provoziert fühlen können. Und manche sehen sich schließlich – nach vielen verlorenen kleinen Schlachten – hilflos immer neuen Herausforderungen der Kinder gegenüber, denen einfach kein Ende zu setzen ist. Pädagogen und Psychologen registrieren zunehmend, dass sich Eltern in – manchmal jahrelange – Kampfbeziehungen hineinbegeben, die bald immer größere Bereiche des Zusammenlebens mit fruchtlosem Gegeneinander durchziehen.

Erwachsene erkennen dabei häufig nicht die eigenen Anteile am Geschehen, eigene Verletzlichkeiten und Bedürfnisse, die die Zutaten liefern für explosive Gefühlsgemische und den Verlust von Handlungsspielräumen. Sie sehen die Ursache vielmehr in der Persönlichkeit des Kindes, das wieder einmal seinen Kopf durchsetzen will, das aggressiv ist, dominierend, rastlos und rebellisch, launenhaft und schwer zu lenken.

Es liegt nahe, im Auftrumpfen der Kinder einen Angriff zu sehen. Doch aus Sicht der Kinder handelt es sich oft um Verteidigung, wenn Erwachsene versuchen, mit Zwang ein bestimmtes Verhalten zu bewirken. Das »chaotische«, »rücksichtslose«, »unordentliche«, »unkonzentrierte« Wesen von Kindern zerrt nicht nur an den Nerven und sorgt für Sand im Alltagsgetriebe. Es kollidiert darüber hinaus mit den Normen der Erwachsenenwelt, denen sich die Eltern tagtäglich – und vielleicht schon von Kindheit an – unterwerfen müssen. Sich ein- und unterzuordnen, sich zu beherrschen, andere nicht zu stören, Ordnung zu halten oder pünktlich mit einer Sache fertig zu werden, ist vielen Menschen zur »zweiten Natur« geworden. Hemmungslos zu sein, frei von Zwängen und Verantwortlichkeiten – eben diese kindlichen Eigenschaften können auf Eltern daher auch bedrohlich wirken und in ihnen ein starkes Bedürfnis auslösen, das »unzivilisierte« Verhalten des Kindes in geordnete Bahnen hineinzuzwingen.

Die wachsende Autonomie des Kindes ist vor allem für Mütter häufig ein Problem, weil mit ihr immer auch ein Stück Trennung verbunden ist, ein Stück Auflösung der innigen Zweierbindung, die sich nach der Ankunft des hilflosen Babys entwickelt hatte. Mütter empfinden das Freiheitsstreben, wenn es sich als heftiges Aufbäumen gegen ihre Autorität äußert, oft als plötzliche Aufkündigung dieser engen Beziehung. Sie fühlen sich zurückgewiesen, abgelehnt, nicht mehr gebraucht, gekränkt. Dabei spielt auch eine Rolle, dass Eltern dazu neigen, auf Wutausbrüche von Kindern so zu reagieren, als kämen sie von Erwachsenen. »Kleine Kinder können keine ambivalenten Gefühle ertragen. Sie fühlen sozusagen schwarz oder weiß im schnellen Wechsel: Entweder Mami ist ganz toll oder ganz scheußlich. Genauso kraß drücken sie das aus, genauso schnell haben sie ihren Groll wieder vergessen«, so die Psychologin Claudia Clasen-Holzberg.[51]

Wenn Kinder plötzlich die Führung übernehmen wollen, kann dies bei Eltern auch Angst vor dem starken Willen des Kindes auslösen. Sie fürchten, es könnte das Kommando übernehmen und sie selbst würden die Herrschaft über das Geschehen verlieren. Diese Angst vor einem Verlust der Kontrolle ist sicher dann besonders stark, wenn Eltern insgesamt unsicher darin sind, eigene Forderungen zu formulieren und durchzusetzen. Als Erzieher werden sie nun auf einem Feld in Frage gestellt, wo sie eine Führungsrolle sozusagen kraft ihres Amtes übertragen bekommen haben. Oft sind sie sich in solchen Konfliktsituationen nicht im Klaren, auf welche Weise sie diese Führungsrolle ausfüllen und wie sie den Herausforderungen begegnen sollen. Damit können auch Gefühle von Machtlosigkeit und Versagen verbunden sein.

Die Führungsqualitäten kommen besonders dann auf den Prüfstand, wenn Öffentlichkeit im Spiel ist. Eltern, insbesondere Müttern, ist das Urteil von anderen über ihr Erziehungsverhalten keineswegs gleichgültig. Sie wollen weder als jemand dastehen, der keine Kontrolle mehr über sein Kind hat, noch als jemand, der wenig

einfühlsam mit seinem Kind umgeht. Außerdem ist nach landläufiger Auffassung das Verhalten der Kinder vor allem das Resultat mütterlicher Erziehungsqualitäten. Sie wird stets dafür verantwortlich gemacht, dass der Nachwuchs die Normvorstellungen auch erfüllt. Für Mütter kann die Erwartungshaltung der Umwelt schon zum Stressfaktor werden, wenn sich der Sprössling vor überquellenden Regalen bunter »Quengelware« an der Supermarktkasse schreiend auf dem Boden wälzt. In anderen Fällen ist es die Gegenwart von Freunden, der Großeltern oder der Kindergärtnerin, die miterleben dürfen, wie die lieben Kleinen den Aufstand proben. Kinder beweisen immer wieder ein untrügliches Gespür für solche Unsicherheiten und Angriffsflächen von Müttern, die sich besonders in Gegenwart von Zeugen für Demonstrationen des eigenen Willens nutzen lassen. »Viele von uns haben ein übersteigertes Bedürfnis, das Verhalten unserer Kinder zu steuern, um uns vor uns selbst, vor unseren eigenen Müttern und vor der Umwelt als ›gute Mütter‹ zu beweisen. Aber eine Mutter, die ständig voller Wut ist, weil sie sich hilflos und unfähig fühlt, ihr Kind ›unter Kontrolle‹ zu halten, steckt in einer paradoxen Situation – so paradox wie unser ganzer Umgang mit Aggressionen: Wir versuchen Macht und Einfluß auf Situationen auszuüben, die sich unserem Einfluß entziehen, und unsere wirkliche Macht, die Macht über unser eigenes Verhalten übersehen wir völlig. Mütter können die Gefühle und Verhaltensweisen ihrer Kinder nicht ›erzeugen‹ oder ›hervorrufen‹; aber etwas anderes können wir tun: Wir können klarstellen, welche Verhaltensweisen wir akzeptieren, welche wir ablehnen und was die Konsequenzen einer Überschreitung der gesetzten Grenzen sind«, schreibt die Psychologin Harriet Lerner. »Wütende Machtkämpfe mit Kindern laufen oft darauf hinaus: Wir ›überfunktionieren‹, wenn es um ihr Verhalten und ihre Gefühle geht; gleichzeitig ›unterfunktionieren‹ wir, wenn es darum geht, unseren eigenen Standpunkt zu klären, Regeln festzulegen und Grenzen zu setzen.«[52]
Eltern sind sich häufig aber sehr unsicher, wo diese Grenzen liegen und was sie von ihren Kindern fordern können. Hier wirkt sich, wieder einmal, der fehlende alltägliche Umgang mit Kindern aus. Dieser tendiert heute für viele Menschen über einen langen Zeitraum

gegen null, bevor sie selbst Kinder bekommen. Die Unsicherheit im Grenzensetzen macht Erwachsene in ihren Entscheidungen schnell schwankend. Ihre Anordnungen lassen sich deshalb mit etwas Widerstand und Beharrungsvermögen unterminieren. Kinder nutzen hier gern jede Möglichkeit, die Eltern in lange Diskussionen zu verwickeln. Viele Dinge, die bei Kindern auf wenig Gegenliebe stoßen, etwa Zähneputzen, Aufräumen oder Schlafengehen, werden so zum Gegenstand ständig neuer Verhandlungen.

Der Nährboden, auf dem Machtkämpfe gut gedeihen, besteht nur zum einen aus Ängsten, Verletzlichkeiten und Unsicherheiten, mit denen Erwachsene auf die Autonomiebestrebungen von Kindern reagieren. Zum anderen sind es immer auch kindliche Grundbedürfnisse, die nicht ausreichend befriedigt werden: Im provozierenden Verhalten von Kindern stecken oft verschlüsselte Botschaften. Sie melden auf diese Weise Bedürfnisse an, die die Erwachsenen in ihrer zentralen Bedeutung vielleicht gar nicht erkannt haben oder die ihren eigenen Bedürfnissen entgegenstehen.

Für die seelische Entwicklung von Kindern sind Zuwendung und der gegenseitige, anerkennende Kontakt zwischen ihnen und den Eltern außerordentlich wichtig. Kinder, die ihre Eltern immer wieder aggressiv machen, fühlen sich häufig emotional vernachlässigt und finden kein anderes Mittel, um auf sich aufmerksam zu machen. Hinter der Provokation verbirgt sich eigentlich der Wunsch, gesehen und beachtet zu werden: lieber Ärger als gar keine Aufmerksamkeit. Kinder finden dann oft sehr schnell heraus, wo Erwachsene besonders allergisch reagieren – man kann das Radio auf maximale Lautstärke drehen, an der Stereoanlage herumfummeln oder die Topfpflanzen von Blüten befreien, um sich im Handumdrehen in den Mittelpunkt des Interesses zu bringen.

In vielen Situationen des täglichen Zusammenlebens treffen die Kontaktwünsche von Kindern auf Erwachsene, die abgespannt oder mit ihren Gedanken ganz woanders sind, die noch vieles erledigen oder das Mittagessen pünktlich auf den Tisch bringen wollen. Die Bitten des Kindes um Aufmerksamkeit werden überhört, es wird vertröstet, oder die beschäftigten Eltern versuchen es abzulenken. »Gelingt es nicht, das Kind zu besänftigen oder abzulenken, dann probiert der Erwachsene gewöhnlich aus, mit wie wenig Befriedigung des kindlichen Bedürfnisses er davonkommen kann. Den verstärkten Kontaktversuchen des Kindes ist jetzt ein klein wenig entsprochen worden. Es sieht deswegen die Erfahrung bestätigt, daß es sich bezahlt macht, wenn es auf seinen Bedürfnissen insistiert. Ein vitales Kind läßt sich nicht so einfach abspeisen; ein Machtkampf darum, wessen Bedürfnisse zu befriedigen sind, kann daher das Resultat sein«, betonen die dänischen Psychologen Margot Jörgensen und Peter Schreiner, die ein Beratungsprogramm für Eltern in »Kampfbeziehungen« entwickelt haben.[53]

Eine typische Reaktion auf kindliche Kontaktwünsche besteht darin, dass Eltern eher unwillig ihre eigenen Ziele und Wünsche zurückstellen und sich dem Kind widmen, jedoch ohne richtig bei der Sache zu sein. »Auch in diesen Fällen bewirkt die Unterdrückung oder das Zurückhalten der eigenen Bedürfnisse des Erwachsenen, daß es an der Gegenseitigkeit des Kontaktes fehlt. Das Kind erlebt den Erwachsenen als nur halb anwesend und gerät in eine Situation, wo es gleichzeitig zufriedengestellt und frustriert wird. Die gemeinsamen Aktivitäten können auf diese Weise nicht ›sättigen‹.«[54]

Ohne ausreichende Phasen echter Gemeinsamkeit, an denen alle mit Freude beteiligt sind, bleibt das Bedürfnis des Kindes nach anerkennendem Kontakt ungestillt, und der Konflikt tritt bald erneut auf. Das Kind sucht weiter nach Wegen, endlich die ungeteilte Zuwendung und Aufmerksamkeit des Erwachsenen zu erreichen, der seinerseits zu dem Schluss kommt, er habe es mit einem ewig unzufriedenen, unersättlichen Kind zu tun.

Für Kinder besteht ein anderes Grundbedürfnis darin, mit ihrer Selbständigkeit zu experimentieren. Es ist ihnen wichtig, ein gewisses Maß an Selbstbestimmung über ihr Leben zu haben, und sie brauchen es auch, um Fähigkeiten weiterzuentwickeln und ein realistisches Selbstverständnis zu gewinnen. Sich alleine anzuziehen, alleine den Einkaufswagen durch den Laden zu schieben, allein beim Bäcker um die Ecke etwas einzukaufen – viele dieser Experimente mit der eigenen Autonomie lassen Eltern um die Sicherheit des Kindes fürchten, viele andere bedeuten Störung,

Unruhe und zusätzlichen Aufwand. Kinder verfügen jedoch über ein großes Maß an Durchsetzungsvermögen, Beharrlichkeit und über die Bereitschaft, für ihre Ziele »aufs Ganze« zu gehen – mit einem Wutanfall, mit mörderischem Geschrei oder bitteren Tränen.

Dies ist oftmals der Punkt, an dem Erwachsene dann doch nachgeben, um Ruhe zu bekommen. Kinder, denen nicht ausreichend Gelegenheit zur Erprobung ihrer Selbständigkeit gegeben wird – zum Beispiel, indem gemeinsam Bereiche festgelegt werden, in denen das Kind die Führung übernehmen darf –, machen die Erfahrung: Meine Autonomiewünsche werden zwar nicht akzeptiert, sie lassen sich mit Druck und Beharrlichkeit aber trotzdem durchsetzen.

»In je mehr unterschiedlichen Situationen ein solcher Ablauf durchgespielt wird, desto differenzierter wird das Verständnis des Kindes dafür, womit und unter welchen Umständen man sich gegen die Erwachsenen durchsetzen kann. Letzteres nimmt allmählich überhand; es wird zu einem selbständigen Interesse, diese Möglichkeiten auszuloten. Allmählich kann so das ursprüngliche Interesse, das eigene Können zu erforschen ... überschattet werden.«[55]

Nicht nur Erwachsene, auch Kinder brauchen die Bestätigung, etwas wert zu sein, gebraucht zu werden, eine wichtige Rolle in der Gemeinschaft auszufüllen. Dieses Bedürfnis nach Bedeutung zeigt sich darin, dass Kinder es in vielen Dingen den Großen gleichtun wollen. Sie möchten im Haushalt Aufgaben übernehmen und beweisen, dass sie das, was die Mutter tut, auch können. Sie wollen hören, wie gut es war, dass sie die Erwachsenen rechtzeitig an etwas erinnert haben, oder wie prima sie beim Kuchenbacken mitgeholfen haben. Es tut dem Zusammengehörigkeitsgefühl und dem Selbstbewusstsein gut, zu erfahren, wie schlecht die Mutter dran wäre, hätte sie nicht ihre kleinen Helfer.

Im Zeitalter der Fertiggerichte und der vollautomatisierten Haushalte, des chronischen Zeitmangels und der auseinander gerissenen Lebensbereiche fällt es Kindern jedoch immer schwerer, sich als nützlich und wichtig zu erleben. Für ihre Mitarbeit, früher noch selbstverständlich und nötig, gibt es kaum noch Aufgabenfelder.

Und wo es sie denn geben könnte, wird Mithilfe heute immer weniger verlangt.

Verantwortlich dafür sind sicher auch die kürzeren Phasen gemeinschaftlichen Familienlebens, die berufstätigen Eltern und Kindern bleiben. Was da an »Freizeit« für die Erwachsenen übrig ist, wird häufig noch von der Haushaltsorganisation und den Wünschen der Kinder nach Gemeinsamkeit aufgefressen. In Eltern regt sich den Kindern gegenüber oft ein schlechtes Gewissen: Also raffen sie sich auf zu einer Spiel- und Vorlesestunde, anstatt das Kind zur Mithilfe im Haushalt zu animieren – eine Mithilfe, die zugegebenermaßen oft eher Mühe bereitet, als dass sie Mühe einspart.

Kinder müssen sich heute also auf andere Weise ihren Wert bestätigen lassen. Sie tun es häufig dadurch, dass sie andere dazu bewegen, etwas für sie zu tun oder ihnen etwas zu geben, erklären die Psychologen Jörgensen und Schreiner. Erwachsene gestehen Kindern oft enorm viel zu, um ihren Wert auf diese Weise zu bekräftigen. »Das kann zum Beispiel eine müde Mutter sein, die jeden Tag ein großes, energisches Kind auf dem Arm von der Kinderkrippe nach Hause schleppt, wobei sie noch die Kinderkarre vor sich herschiebt, während das Kind ihr den Hut über die Augen zieht. Das sechste Glas Milch nach dem Zubettgehen, obwohl das Kind die fünf vorhergehenden schon nicht getrunken hat, die fünfte Gute-Nacht-Geschichte, obwohl das Kind schon bei der dritten eingeschlafen war, oder das Kinderzimmer, das wie ein gut sortiertes Spielwarengeschäft aussieht, können auch vor diesem Hintergrund begriffen werden.«[56]

Dass Kinder immer wieder die Grenzen ihrer Macht austesten, ist ein normaler Vorgang. Dass sie dabei auch auf Erwachsene stoßen, die schachmatt und der Auseinandersetzung müde sind oder gerade ganz andere Bedürfnisse haben, ebenfalls: Im Zusammenleben sind die unterschiedlichen Wünsche und Vorhaben nun einmal nicht immer leicht zur Deckung zu bringen. Wichtig ist, dass der Kampf nicht zur dominierenden Form des Miteinanders wird und genug Raum für positive, erfüllende Gemeinsamkeit bleibt.

Wenn Eltern das Gefühl haben, dass hier ein belastendes Ungleichgewicht entstanden ist, steckt häufig eine Mangelsituation dahinter: Ein Mangel an Anerkennung kindlicher Grundbedürfnisse steht einem Mangel an Sicherheit der Erwachsenen gegenüber – und wird in ständigen Konfrontationen immer weiter verstärkt.

Was es Eltern und Kindern so schwer macht, aus einer Kampfbeziehung auszusteigen, ist häufig Folgendes: Das Kind fühlt sich, so wie es ist, nicht angenommen. Es hat aber gelernt, dass seine Wünsche oft erfüllt werden, wenn es ausreichend Druck macht. Die Erwachsenen zu lenken, zu manipulieren, aus ihnen etwas herauszuholen, ihre Aufmerksamkeit auf alle erdenkliche Weise zu fesseln, kann dann zur beherrschenden Haltung werden. Die Eltern wiederum ziehen sich innerlich immer mehr zurück, weil sie sich vom Kind ständig herausgefordert und traktiert fühlen. Sie empfinden Wut, Verzweiflung, Hilflosigkeit, Sorge – und wohl auch den heimlichen Wunsch, vom Quälgeist befreit zu sein. Für Kinder in solchen Beziehungen wird deshalb die Erfahrung, dass Erwachsene sich dem Kind von sich aus zuwenden, immer seltener.

Eltern machen hier meistens die Erfahrung, dass alle herkömmlichen pädagogischen Mittel nicht mehr wirken. Versuche, das Kind durch Ermahnungen, eindringliche Befragungen, Erklärungen oder Verhandlungen zur Vernunft zu bringen, enden mit einer Niederlage, denn es hat den Konflikt gerade deshalb heraufbeschworen, um diese Gespräche und damit auch Aufmerksamkeit zu erringen. Eltern nehmen vergeblich Zuflucht zu Belohnungen, zu Drohungen, Bestrafungen, Isolierung in einem anderen Zimmer oder Schlägen, denn das Kind akzeptiert den Erwachsenen nicht mehr in seiner führenden Rolle und setzt seine Machtkämpfe fort. Erst wenn Eltern die Bedürfnisse des Kindes als auch ihre eigenen Verletzlichkeiten und Unsicherheiten erkennen, können sie aus der Kampfbeziehung heraus- und dem Kind anders als bisher gegenübertreten.

Gespräch mit dem Diplompsychologen
Thomas Müllenmeister

Cornelia Nack: *Eltern sind häufig sehr unsicher darin, wie sie sich in Machtkampfsituationen verhalten sollen.*

Thomas Müllenmeister: Viele Menschen sind sogar entsetzt darüber, dass es überhaupt zu Machtkämpfen kommt. Aber Machtkonflikte gehören im Zusammenleben mit Kindern dazu. Es muss ja immer wieder neu ausgehandelt werden: Welchen Spielraum habe ich denn hier? Sowohl Eltern als auch Kinder müssen das tun. Mal spielt das Kind den Ball, mal spielen die Eltern ihn. Es gibt auch entwicklungspsychologisch gute Gründe für Machtauseinandersetzungen, denn alle Entwicklungsstufen des Kindes enthalten Elemente von Ablösung, die sich immer wieder neu vollzieht und in manchen Phasen auch konzentrierter und heftiger in Machtkämpfen zum Ausdruck kommen kann. Eltern sollten diese Vorgänge des Ablösens und des Aushandelns von Spielräumen als wichtig und normal erkennen und lernen, damit umzugehen. In dem Moment, wo eine Familie eine Machtauseinandersetzung mit einem Ergebnis übersteht, mit dem alle leben können, hat sie ganz viel für alle Beteiligten geleistet.

Wie könnten Eltern sich in solchen Situationen verhalten?

Es ist sinnvoll, in einer Konfliktsituation nicht mit einer Droh- und Machtgebärde zu reagieren, sondern Verabredungen zu treffen, wenn die Atmosphäre nicht emotional aufgeheizt ist: Wir legen einen Zeitpunkt fest, da besprechen wir bestimmte Dinge in der Familie und treffen Regelungen, die für alle gültig sind. Dann haben wir es nur noch mit verabredeten Handlungen, mit gemeinsam beschlossenen Lösungsmodellen zu tun und nicht mit Überreaktionen im Affekt, die vom Kind ganz anders – etwa als Abwertung – verdaut werden.

Machtkonflikte entstehen häufig daraus, dass Eltern eine Forderung haben und dem Kind gar kein Mitspracherecht zugestanden wird. Wenn ein Kind sich weigert, etwas zu tun, lässt sich meistens aufklären, warum es eine Position verteidigt und worum es ihm geht, wenn es sich so machtvoll verhält. Dann steht man vor der Frage, ob und wie man ihm entgegenkommen kann. Das Kind muss in diesen Dingen schon ernst genommen werden. Zu Konflikten kommt es, wenn man bereits am Anfang verpasst, dem Kind auch Mitentscheidung, den selbstbewussten Vortrag seines Willens oder Ideenlösungen für seine Wünsche einzuräumen. Es gibt Kinder, denen diese Position in der Familie nie gewährt wird, die Eltern verhalten sich immer einschränkend, appellieren pausenlos: Setz dich gerade hin, tu die Finger auf den Tisch! Bei solchen Kindern hört man förmlich die Uhr ticken, bis die Bombe hochgeht, die sind einfach eingesperrt. Man kann Kinder eben nicht ständig einschränken und auch noch erwarten, dass sie konfliktlos bleiben.

Bei Forderungen Abstriche zu machen ist etwas, was Eltern oft nur schwer einsehen können. Manche haben ein sehr festgelegtes Bild davon, wie Kinder werden sollen, damit schaffen sie natürlich umso mehr solcher Konflikte und Opposition. Sie wollen etwas durchsetzen und führen einen ewigen Kampf, der einfach chancenlos ist, weil bei einem Kind Gegebenheiten da sind, die man akzeptieren muss. Es gibt zum Beispiel Kinder, denen es tatsächlich schwer fällt, eine gewisse Zeit still zu sitzen. Statt ein Minimum zu fordern und festzustellen, dass dieses Ziel gut erreicht wird, werden unglaubliche Leistungen verlangt, die das Kind gar nicht erbringen kann, und es kommt deshalb immer wieder zu machtvollen Auseinandersetzungen. Es wäre gut, wenn Eltern überdenken, was notwendige und was verhandelbare Forderungen sind.

Ist nicht auch oft eine inkonsequente Haltung der Eltern Ursache dafür, dass Machtkämpfe zu einer Belastung des Familienlebens werden?

Ja, das Setzen von klaren Grenzen und ihre Einhaltung halte ich für unglaublich wichtig. Auch, dass Kinder erfahren, dass der eigenen Macht Grenzen gesetzt sind. Die gibt es einfach. Und darin kann ein Kind zufrieden leben. Aber Erwachsene denken oft, man täte den Kindern damit ein Leid an, vor allem, wenn sie ihre Forderungen mit lautem, sirenenhaftem Geschrei einklagen, etwa weil sie noch endlos weiter fernsehen wollen.

Die Grenzsetzung der Eltern ist ja nicht etwas, was Kinder iebe widersprechen würde, ganz im Gegenteil. Wenn ein Kind durch meine Inkonsequenz erfährt, es lohnt sich, immer ein Theater zu machen, dann habe ich bald ein Kind, das permanent Theater macht und mir auf die Nerven geht. Damit beginnt auch eine Ablehnung, und ein abgelehntes Kind kämpft umso mehr – entweder um die Beziehung selbst oder um Ersatz. Es hat viel Anlass, Manöver zu starten, die die genervten Eltern dann mit Nachgiebigkeit oder durch Konsum so schnell wie möglich beenden.

Das Kind kann sich einerseits immer wieder durchsetzen, andererseits spürt es Ablehnung und Gereiztheit, und es bleibt in seinem Bedürfnis nach einer erfüllten Beziehung zu den Eltern immer halb gesättigt. Diese Halbsättigung ist etwas ganz Schlimmes. Sie lässt die Eltern nie zur Ruhe kommen, und es entsteht für das Kind wenig tiefe Zufriedenheit, die es befähigt, auch einmal nur mit sich allein und ohne Konsum als Ersatz für tief erlebte Beziehungen glücklich zu sein.

Eltern sollten deshalb den Mut haben, in bestimmten Dingen beim konsequenten Nein zu bleiben und wohlwollende Autorität auszuüben. Dies setzt natürlich eine so genannte tragende Beziehung voraus, in der auch Eltern mal ein absolutes Nein von einem Kind hinnehmen können. Kinder, die wichtig genommen werden in ihren Wünschen und ihrem Willen und deren Eltern für Lösungen offen sind, die beide Seiten befriedigen, können auch akzeptieren, dass es bei anderen Gelegenheiten heißt: Wir wissen es in diesem Fall besser und wir entscheiden das jetzt so.

Sie haben am Beispiel der Inkonsequenz beschrieben, wie wechselseitiges Verhalten zu andauernden Machtkampfproblemen führen kann. Für eine Änderung der Situation ist es sehr wichtig, solche Zusammenhänge in einer Familie zu ermitteln. Gibt es noch andere Hintergründe, die nach Ihrer Erfahrung in eine Spirale von Machtauseinandersetzungen hineinführen können?

Chronische Machtprobleme erleben wir häufig bei allein erziehenden

Müttern mit Söhnen, insbesondere mit einem Sohn. Sie sind durch dieses Kind sehr angebunden und empfinden es notwendigerweise als mächtig, weil es ihnen das Leben diktiert und ihre Bewegungsfreiheit einschränkt. Dies ist die Ursache für Aggressionen und Gefühle wie: Du verhinderst meine Lebendigkeit, meine Lebensmöglichkeiten. Hinzu kommt, dass die Mütter oft in einer recht isolierten Zweierbeziehung mit ihrem Kind leben und es in dieser engen Situation auch einen Partner darstellt. Jungen können daraus Allmachtphantasien entwickeln, sie können sich oft sehr gut bei der Mutter durchsetzen, die zwischen Wut, schlechtem Gewissen und Verwöhnung schwankt.

Auch aus verborgenen Partnerschaftsproblemen können chronische Konflikte mit einem Kind entstehen. Die Eltern tragen ihren Konflikt, den sie nicht sehen oder nicht sehen wollen, über das Kind aus. Zum Beispiel, indem Papa hintenherum immer genehmigt, was Mama verboten hat.

Oft entwickeln sich Probleme aus dem Einsatz falscher Mittel. Zum Beispiel, indem Eltern dem Kind unentwegt in den Ohren liegen. In der Beratungspraxis hören wir immer wieder: Wir reden und reden und sagen es ihm hundertmal, ohne Erfolg. Dieses Reden beinhaltet aber immer sehr viele Drohungen, die am Ende nicht wahr gemacht werden und wieder in Inkonsequenz münden – es wird geredet statt gehandelt.

Die Frage der Schuld spielt im Übrigen oft eine große Rolle und ist ein Hindernis, Beratung in Anspruch zu nehmen. Häufig ist es so, dass Eltern sich gegenseitig Schuldvorwürfe machen, wenn die Eltern-Kind-Beziehung problematisch geworden ist: Du bist schuld daran, weil du es immer so verwöhnst, du bist schuld daran, weil du so streng bist! Beides kann sogar stimmen, aber es wird moralisierend, wertend und nicht unterstützend verpackt und kann deshalb vom anderen nicht angenommen werden. Auf diese Weise spielen sich viele zusätzliche Auseinandersetzungen um das Kind herum ab. Die Eltern sind um Schuldabwehr bemüht und verbauen sich viele Möglichkeiten zu erkennen, was Ursache ist und was Wirkung.

Können Eltern aus einem beherrschend gewordenen Machtkampf überhaupt allein wieder herausfinden?

Die gesamte Dynamik zu erkennen, das eigene Handeln eingeschlossen – das kann kaum jemand. In einer Familie existiert ja, wie in jedem anderen Betrieb, eine mehr oder weniger große Betriebsblindheit. Es ist deshalb nie verkehrt, sich jemanden von außen heranzuholen und zu sagen: Guck dir das mal an und erzähl mal, was du von dem Laden so hältst. Das muss nicht nur im Rahmen einer professionellen Beratung geschehen, es gibt ja auch eine Menge Beratungskompetenz bei Menschen in unserer Umgebung. Aber Offenheit gegenüber Außenstehenden, auch Offenheit für wohlmeinende Kritik – damit tun sich viele sehr schwer. Ich erlebe junge Familien oft als sozial ausgesprochen isoliert und unsicher, weil heute weniger denn je auf lebendige Anschauung oder Tradition zurückgegriffen werden kann. Und wenn die Familie nicht so heil ist, wie es zum Beispiel im Fernsehen vorgespielt wird, versuchen sie, es möglichst vor sich und anderen zu verstecken. In den meisten Beratungsstellen wird die Erfahrung gemacht, dass die Menschen erst dann kommen, wenn die Not relativ groß ist.

Ich würde mir deshalb auch als Berater wünschen, dass Eltern sich Unterstützung holen, bevor die Dinge in die falsche Richtung laufen. Wenn Machtkonflikte erst einmal chronisch geworden sind und sich die Stimmung gegen ein Kind wendet, bin ich sehr skeptisch, dass Eltern aus eigener Kraft aus der Situation herausfinden. Sie kommen im Allgemeinen erst in die Beratung nach einem langen Prozess misslungener Auseinandersetzungen und erlebter Unfähigkeit, selbst etwas ändern zu können. Gesehen wird oft nur, was das Kind tut, und der Berater soll nun auf dieses Kind einwirken, damit es sein Verhalten ändert. Hier muss in jedem Fall genau betrachtet werden: Wo liegen die Ursachen des Konflikts, welche Möglichkeiten zur Veränderung hat die Familie? Es kommt dann darauf an, wie groß das Verständnis der Eltern für die Zusammenhänge ist – auch für die eigene Beteiligung am Konflikt –, und ob sie bereit sind, anders zu handeln und auch mal über ihren Schatten zu springen.

Können Sie an einem Beispiel erklären, wie Sie mit Familien Lösungen erarbeiten?

Zu mir kommt eine Familie mit einem elfjährigen Jungen, der eine Aufmerksamkeits- und Wahrnehmungsstörung hat und von seinem Vater sehr abgelehnt wird. Der Sohn erlebt seinen Wert und auch seine Macht dadurch, dass er den gehbehinderten Vater immer wieder provoziert und zur Weißglut bringt. Zwischen ihnen können keine drei Sätze mehr gewechselt werden, ohne dass Krieg herrscht, es wird auf beiden Seiten mit knallharten Beleidigungen und Abwertungen gearbeitet: Du bist ein alter Krüppel, und du bist noch viel mehr Krüppel als ich.

Der Vater gerät außer sich vor Wut, wenn sein Sohn die Türen zuschlägt, und das passiert sehr oft. Ich habe versucht, die Sache in ein anderes Bild zu setzen, indem ich mit dem Jungen besprochen habe: Dein Vater hat ein sehr empfindliches Gehör, da hat dein Vater ein echtes Problem, das gar nichts mit dir zu tun hat, und ich kann mir vorstellen, dass du ihm helfen könntest. Den Vater habe ich gebeten, darauf zu achten, wann die Tür nicht zugeknallt wird, und seinem Kind darüber eine positive Rückmeldung zu geben. Am Beispiel des Türenknallens konnte hier ein neuer Umgang miteinander eingefädelt werden. Der Sohn unterstützt seinen Vater bezüglich seines empfindlichen Gehörs und erhält auch Bestätigung dafür. Das hat sehr gut geklappt.

Auf welche Alarmzeichen können Eltern achten, damit sich die Fronten nicht so verhärten, wie Sie es gerade geschildert haben?

Auf Seiten der Eltern halte ich es für ein Alarmzeichen, wenn die positiven Gefühle für ein Kind über die Maßen untergehen, wenn Abneigung und Gereiztheit im Vordergrund stehen und die Beziehung überlagern, so dass auch positive Ausnahmen überhaupt nicht mehr gesehen werden können und sich so ein Generalempfinden einstellt: Das Kind lügt immer, das Kind geht ständig auf die Nerven.

Auf Seiten des Kindes ist es alarmierend, denke ich, wenn der Machtkampf nicht offen ausgetragen wird, sondern verdeckte Manöver, falsche Informationen, Lügengeschichten eingesetzt werden, um ein Ziel zu erreichen: Papa hat mir das aber erlaubt! Oder wenn Kinder ein Gespür dafür entwickeln, wie sich ein schlechtes Gewissen der Eltern ausnutzen lässt, um Druck auszuüben. Das sind Strukturen, in denen ein Kind auch fürs spätere Leben schlechte Angewohnheiten lernt, zum Beispiel im Umgang mit Konflikten in einer Partnerschaft. Ich finde es deshalb sehr wichtig zu beobachten, ob ein Kind mit unehrlichem Verhalten im weitesten Sinne und Manipulation unter die Beziehungsebene abtaucht.

Bestrafte Kinder

Der Lehrer Johann Häberle hatte in seinem Amt ganze Arbeit geleistet – nicht nur in der pädagogischen Praxis, sondern auch bezüglich penibler Buchführung. Während seiner 51 Dienstjahre verteilte der Pauker aus dem 19. Jahrhundert exakt 911.517 Stockschläge sowie 24.010 Rutenhiebe, dazu kamen rund 21.000 Klapse mit dem Lineal, gut 10.000 Maulschellen und knapp 8.000 Ohrfeigen. 777-mal ließ er Schüler auf Erbsen knien, 613-mal vollzog sich diese erzieherische Maßnahme auf einem Dreikantholz.[57] Über viele Jahrhunderte hinweg galt körperliche Züchtigung als unumgängliches Mittel, das Böse auszutreiben, das nach damaliger Auffassung dem Menschen seit seinem Auszug aus dem Paradies von Geburt an innewohnt. Strafende Erzieher – und das hieß in aller Regel: schlagende Erzieher – besaßen allerhöchsten Segen, denn Strafe war gottgewollt. Erklärtes Erziehungsziel war es, den Eigenwillen des Kindes, seine »harte Natur zu brechen«, wie es August Hermann Francke, ein führender Pädagoge des 17. Jahrhunderts formulierte.[58] Auch zu Beginn des 20. Jahrhunderts waren Schläge noch unverzichtbares Erziehungsmittel. »Das wichtigste Zwangsmittel gegen widerstrebende Schüler ist die körperliche Züchtigung«, heißt es noch 1920 im *Handwörterbuch des Volksschulwesens*.

Dieses Recht der körperlichen Züchtigung haben Lehrer inzwischen eingebüßt – Eltern nicht. Anlässlich der Neuregelung des Sorgerechts ab 1980 und des Kindschaftsrechts ab 1998 erlitten die Befürworter eines grundsätzlichen Züchtigungsverbotes für Eltern eine Niederlage. Unter den Abgeordneten des Deutschen Bundestages fand sich keine Mehrheit, den Eltern dieses Gewohnheitsrecht abzusprechen; es wurde lediglich eingeschränkt: »Entwürdigende Erziehungsmaßnahmen, insbesondere körperliche und seelische

157

Mißhandlung, sind unzulässig«, heißt es in der neuesten Fassung von Paragraph 1631, Absatz 2 des Bürgerlichen Gesetzbuches. Mit dieser Formulierung will der Gesetzgeber zwar »ein Signal setzen, daß Gewalt kein geeignetes Mittel zur Erziehung ist«. Aber Eltern, die »aus Überforderung diesem Ideal nicht genügen«, sollen wiederum nicht ohne weiteres kriminalisiert werden.[59]

Einerseits können Eltern also weiterhin innerhalb eines unklar umrissenen Toleranzrahmens zuschlagen, andererseits aber sollen sie das nicht, denn gewaltsame Erziehungsmethoden sind out. Hinzu kommt, dass das Thema Misshandlung in aller Munde, das Thema Strafe jedoch seit geraumer Zeit mit dem Mantel des Schweigens zugedeckt wird. In den 60er-Jahren wurde in diversen wissenschaftlichen Veröffentlichungen Sinn und Unsinn von Erziehungsstrafe noch ausführlich erörtert. Kein deutschsprachiger Erziehungswissenschaftler hat sich seither zu diesem unpopulären Gegenstand in theoretischer Ausführlichkeit geäußert – offenbar will niemand Gefahr laufen, den Geruch des Erzkonservativen, der der Strafe anhaftet, mit sich herumzutragen.

Für diese Tabuisierung wird die 1968er-Studentenbewegung verantwortlich gemacht, »die wie keine andere zuvor in der Geschichte der Pädagogik das Thema ›Strafe‹ aus der öffentlichen Diskussion verdrängt hat«[60], so der Erziehungswissenschaftler Johannes Bastian. Denn Strafe, das war, ebenso wie Zwang und Drill, vor allem für viele junge Lehrer ein Herrschaftsmittel der alten autoritären Erziehung und grundsätzlich abzulehnen.

»Wir klopften uns gegenseitig auf die Schultern ob des gelungenen Sieges für mehr Menschlichkeit in der Schule. Dabei merkten wir gar nicht, daß wir das Kind mit dem Bade ausgeschüttet hatten. Mit der Ablehnung autoritären Verhaltens hatten wir gleichzeitig die Autorität ausgeschüttet. In wichtigen Punkten ließen wir die Schüler alleine, trafen keine klaren Verhaltensregeln und Konsequenzen bei deren Mißachtung und akzeptierten die windigsten Entschuldigungen, weil der eine ja Schwierigkeiten zu Hause hatte und der andere eh ein armes Würstchen war. Wir haben den Jugendlichen fast jede Verhaltensorientierung verweigert! Aber wen wundert's – wir hatten ja selbst keine auf dem Sektor«, schreiben die Lehrer

Thomas Jansen-Hochmuth und Gerald Warnke rückblickend. »Und es kam, wie es kommen mußte, wenn Probleme tabuisiert werden: ›Unter der Decke‹ hatte jeder von uns seine eigenen Strafformen entwickelt.«[61]

Eltern wandern nicht weniger orientierungslos im leeren Raum zwischen dem Anspruch einer gewaltfreien, sogar straffreien Erziehung und der Wirklichkeit herum, wie eine Studie der Universität Bielefeld zum Strafverhalten in den 90er-Jahren nahe legt. »Bisherige Erziehungsmethoden werden zunehmend in Frage gestellt«, bescheinigt diese Untersuchung den Eltern. Sie bemühten sich mehr um Verständnis für ihre Kinder und um eine egalitäre Beziehung. 82 Prozent der befragten Erwachsenen stimmten der Meinung zu, »Eltern sollten mehr mit ihren Kindern reden, als gleich eine lockere Hand zu haben«.

Im überraschenden Gegensatz dazu stellt die Ohrfeige aber weiterhin die häufigste und am weitesten verbreitete Bestrafung dar. 81 Prozent der Jugendlichen, die den Bielefelder Forschern Auskunft gaben, mussten sie einstecken. Deftige Ohrfeigen haben immerhin 43,5 Prozent, eine Tracht Prügel gut 30 Prozent erhalten, 47 Prozent wurden mit Schweigen und 52 Prozent mit Niederbrüllen bestraft. »Auch wenn unsere Ergebnisse dafür sprechen, daß körperliche Gewalt ... von Generation zu Generation abnimmt, so bildet sie immer noch die wichtigste erzieherische Strafe«, betonen die Autoren Kai D. Bussmann und Wiebke Horn. Die Angaben der Jugendlichen belegten »die permanente Bedrohung auch durch massivere Gewaltformen in der Erziehung«.[62]

Sozialwissenschaftler als auch die Eltern selbst nennen für körperliche Übergriffe heute häufig emotionale Gründe. Geschlagen und geschrien wird demnach weniger aus Überzeugung, sondern aus innerer Not. Die Körperstrafe wird in vielen Fällen als ungewollte Entgleisung, als Ausrutscher deklariert, oft verbunden mit Gefühlen der Niederlage und Schuld bei den Erwachsenen – ganz im Einklang mit dem Straftabu der letzten 30 Jahre. So stimmt auch in der Bielefelder Studie eine deutliche Mehrheit von 60 Prozent der Erwachsenen der Erklärung zu: »Wenn Eltern die Hand ausrutscht, geschieht es oft aus Hilflosigkeit«.

Wenn Eltern ihre Kinder schlagen, stehen also in vielen Fällen gar keine erzieherischen Erwägungen im Vordergrund. Eltern werden vielmehr von Aggressionen überwältigt, deren Ursachen bei ihnen selbst, ihren aktuellen Belastungen, ihrer persönlichen Lebensgeschichte zu suchen sind. Mögliche Motive können Alltagsüberforderung, Macht- und Kontrollansprüche, Vergeltungsbedürfnisse oder überzogene Erwartungen sein, aber auch Ohnmachtsgefühle, wenn Eltern mit ihrem Latein am Ende zu sein glauben, wenn sie den echten wie vermeintlichen Provokationen der Kinder nichts anderes entgegensetzen können. Gewalttätigkeit als Ventil für überbordende Emotionen, auch wenn sie als »Hilflosigkeit« um Verständnis wirbt, ist jedoch nichts anderes als Willkür gegenüber Schwächeren und nur eines wert – eine Entschuldigung.

Aber Eltern bedienen sich handgreiflicher Methoden keineswegs nur in emotionalen Ausnahmesituationen, sondern durchaus auch in der Annahme, damit eine Verhaltensänderung bei ihren Kindern zu bewirken. Womit sich die Frage stellt: Kann Körperstrafe etwas nützen? Oder andersherum formuliert: Kann denn ein Klaps schaden? Für den Psychotherapeuten und Wissenschaftler Horst Petri ist nicht der eine oder andere Klaps ausschlaggebend, zu dem sich eine Mutter veranlasst sieht, sondern die Familienatmosphäre insgesamt: »Gibt es in der Familie sehr oft Streit? Gibt es zum Beispiel auch Gewalt zwischen den Eltern? Oder herrscht eher ein Klima von Wohlwollen und gegenseitiger Zuneigung? Ich glaube, diese familiären Zusammenhänge muß man berücksichtigen, wenn man beurteilen will, welche Wirkungen ein Klaps haben kann.«[63]

Es ist vor allem die Einstellung, dass ein Klaps nicht schadet, die aus einem bald zwei, drei, viele Klapse werden lässt und später zu Ohrfeigen und Prügeln führen kann, wie wissenschaftliche Studien belegen. »Eltern, die mit Klapsen im Säuglingsalter beginnen, versuchen oft, damit ›Sicherheitslektionen‹ zu erteilen«, so die Psychologin Penelope Leach. Ein Klaps, wenn das Baby sich aus der Karre windet, ein Klaps, wenn das Kleinkind auf die Straße läuft. »Nach einiger Zeit haben diese ›Sicherheitslektionen‹ den Weg bereitet für das Schlagen als gewohnte Reaktion bei Nerverei, dauerndem Unterbrechen, Unordnung machen oder frech sein.«[64]

Eltern wissen häufig nicht, dass die mit einem Klaps verbundene Botschaft bei ihrem kleinen Kind gar nicht ankommen kann. Babys können sich an Verbote nicht erinnern. Sie verstehen Verbote nicht, denn sie können ihr Handeln und die darauf folgende Strafe gar nicht gedanklich miteinander verknüpfen. Doch gerade in diesem Alter werden Kinder oft geschlagen, wenn es Stillprobleme oder Schwierigkeiten beim Einschlafen gibt, wenn sie das Essen verweigern oder damit herumspielen, wenn sie etwas Unerlaubtes anfassen. Kleinkinder bekommen meistens Klapse, weil sie nicht tun, was ihnen gesagt wird. Oder weil sie Theater machen, wenn sie ihren Willen nicht durchsetzen können. Aber erst mit etwa drei Jahren kann ein Kind sich in andere hineinversetzen und dann bewusst »lieb« oder »böse« sein. Ungefähr fünf Jahre muss ein Kind alt sein, um Begründungen einzusehen. Bevor es diese Reife nicht besitzt, kann man nicht erwarten, dass es selbständig gemäß einer Begründung handelt, auch wenn man sie ihm unzählige Male vorgebetet hat.

Wenn Eltern strafen, spielen auch falsche Annahmen über die Motive der Kinder und unrealistische Erwartungen eine Rolle. Kinder orientieren sich in ihrem Verhalten an dem, was ihnen die Eltern vorleben, im Positiven wie im Negativen. Klapse und Schläge werden beim Kind also nicht dazu führen, dass es selbst auf aggressives Verhalten verzichtet.

Kinder lernen – wie Menschen jeden Alters – vor allem durch aktives Handeln und weniger durch sprachliche Anweisungen. Viel von dem Unsinn, den sie anrichten, entspringt dem Bedürfnis, es den Großen gleichzutun, mitzumachen, nachzumachen. Erwachsene missdeuten dieses große Nachahmungsbedürfnis von Kindern jedoch bei vielen Gelegenheiten als provokative Eigenmächtigkeit und fühlen sich zu Strafen herausgefordert.

Wie leicht ließe sich das Lernen durch aktives Handeln in den Dienst der Gemeinschaft stellen, würden Erwachsene nicht so unerschütterlich auf die Macht der Worte und endlosen Wiederholungen vertrauen. Hundertmal bitten und erklären sie, fordern sie auf, ordnen sie erfolglos an, bis ihnen der Kragen platzt: Du könntest doch, wenn du nur wolltest! Jetzt muss Strafe sein! Doch Regeln und Handlungsabläufe werden vor allem dadurch verinnerlicht, dass sie sich viele Male im aktiven Tun einschleifen. Sie prägen sich eben nicht allein durch Worte ein, sondern in erster Linie durch Praxis und Gewohnheit. Kinder brauchen dabei anleitende Unterstützung der Erwachsenen, die mit ihnen gemeinsam Handlungsabläufe durchspielen und einüben.

Aktives Tun steht bei Kindern auch im Vordergrund, wenn es darum geht, Wünsche, Bedürfnisse oder Ängste auszudrücken. Kinder können darüber oft schon deshalb nicht sprechen, weil diese ihnen gar nicht bewusst sind. Aber in ihrem Verhalten übermitteln sie dringende Aufforderungen: Nimm mich wahr, kümmere dich um mich! Sieh, dass ich schon mehr kann, als du mir zutraust! Lass mich nicht allein! Solche Bedürfnisse oder Nöte kleiden Kinder häufig in ein provozierendes Verhalten, das Eltern zu Strafen veranlasst. Sie verweigern etwa (Schul-)Leistungen, übertreten ständig Regeln, fordern Grenzkonflikte heraus, beginnen zu lügen oder zu stehlen.

Eltern wiederum geraten bei »abweichendem Verhalten« der Kinder schnell in Panik. Das Kind kommt auf die schiefe Bahn! So kann es seinen Schulabschluss nie schaffen! Es wird ein Versager, womöglich ein Krimineller, wenn wir nicht massiv den Anfängen wehren! Durch solche Befürchtungen fühlen sich Eltern zu Strafen genötigt, ohne herauszufinden, welche individuellen Gründe das Kind für sein Verhalten hat.

Anstatt in einen Kreislauf eskalierender Bestrafung zu geraten, können Eltern und Kinder im Gespräch (nicht einem »Verhör« mit bohrenden Warum-hast-du-das-gemacht-Fragen) ermitteln, wo die eigentlichen Schwierigkeiten liegen. Gemeinsam lässt sich erörtern, was die Beteiligten tun können, um das Verhalten des Kindes oder seine Situation zu verändern. Dazu kann auch die Überlegung gehören, wie sich ein angerichteter Schaden vom Kind wieder gutmachen lässt. Wesentlich ist, dass sich Erwachsene nicht länger als Richter verstehen, sondern als Helfer.

Viele Strafanlässe erübrigen sich, wenn Eltern ihre Erziehungsziele immer mal wieder unter die Lupe nehmen. In den Erziehungszielen, die wir unseren Kindern stecken und womöglich mit Strafen durchsetzen, spiegeln sich unsere Lebensanschauungen. Oft genug haben sich darin Auffassungen breit gemacht, die gar nicht unseren persönlichen Überzeugungen entsprechen, sondern die wir »blind« von anderen übernommen haben. Oder solche, die aufgrund von festen Vorstellungen am Kind, an seinen Bedürfnissen oder seinem altersgemäßen Leistungsvermögen vorbeigehen. Welche guten Gründe gibt es eigentlich, Kinder am Mittagstisch ausharren zu lassen, bis auch die Erwachsenen den letzten Bissen verzehrt haben? Wo liegt der Gewinn von Klavierunterricht für jemanden, der lieber Schlagzeug spielen möchte? Es lohnt sich zu hinterfragen, wie sinnvoll und hilfreich das jeweilige Erziehungsziel für das Kind oder die Familiengemeinschaft tatsächlich ist und wie notwendig seine Durchsetzung – oder ob nicht eine Entrümpelung des eigenen Erziehungsprogramms Eltern wie Kindern mehr Freiraum und weniger Konflikte beschert.

Immer wieder hat es bereits in den vergangenen Jahrhunderten einzelne Pädagogen und Reformbewegungen gegeben, die die Auswirkungen von Strafen, vor allem der Körperstrafe, auf die Seele des Kindes erkannten. Mit dem Aufkommen der Entwicklungs- und Tiefenpsychologie in den 20er-Jahren dieses Jahrhunderts erhielten die Gegner gewaltsamer Bestrafung eine entscheidende Bestätigung ihrer Beobachtungen. Sigmund Freud und seine Mitarbeiter erfuhren bei der Behandlung ihrer Patienten immer wieder von Kindheitserinnerungen an Zwangsmaßnahmen und Körperstrafen. Die Psychoanalytiker sahen in diesen Gewalterfahrungen bald die Ursache vieler seelischer Störungen und Erkrankungen. Eine Vielzahl von Untersuchungen hat seither die *Auswirkungen körperlicher Bestrafung* (zu der ich auch das Anschreien und Niederbrüllen eines Kindes zählen möchte) dokumentiert:

■ Sie erzeugt Angst. Das verängstigte Kind ist gehemmt und verwirrt, sein Kopf von klaren Gedanken leer gefegt. Es begeht Fehlleistungen; was es eben noch wusste, ist nicht mehr verfügbar. Der Teufelskreis schließt sich, wenn Fehlleistungen wiederum Anlass für neue Strafe geben. Vorhandene Schwierigkeiten wie Leistungsversagen werden auf diese Weise immer weiter verstärkt.

- Sie ist stets mit Gefühlen tiefer Kränkung, Demütigung und Ohnmacht verbunden. Den Hass, der auf die Kränkung folgt, wagen Kinder oftmals nicht gegen die Eltern zu richten, weil sie fürchten, deren Liebe zu verlieren. Er verwandelt sich in Selbsthass, der sich in vielen psychischen und psychosomatischen Symptomen, aber auch in Gewaltausbrüchen gegen Schwächere zeigen kann. Hass- und Rachegefühle, die Eltern bei einem Kind vielleicht gar nicht für möglich halten, können zu dauerndem Widerstand, zu Feindseligkeit und Machtkämpfen führen.
- Sie verhindert die Entwicklung eines positiven Selbstwertgefühls. Kindern geht das Vertrauen in die eigenen Fähigkeiten verloren, und sie begegnen anderen Menschen mit Misstrauen.
- Sie schließt das Kind von einer erfolgreichen Bewältigung des Problems aus, denn sie zeigt ihm nicht, wie es etwas besser machen könnte. Sie kann deshalb keine echte Verhaltensänderung bewirken. Ihr »Erfolg« besteht in einem Dressurverhalten. Sie führt zu Heimlichkeit und Unaufrichtigkeit.
- Sie zerstört die seelische Bindung und das Vertrauen zu den Eltern und zugleich das Gefühl, sicher, geschützt und angenommen zu sein.

Nicht weniger gewaltsam sind psychische Strafen. Zu ihnen gehört das Einsperren in abgelegenen, unwirtlichen, dunklen Räumen oder in einer menschenleeren Wohnung, die anhaltende Isolierung von anderen Kindern, nicht mehr mit dem Kind zu sprechen, ihm willkürlich und unbegründet etwas zu verbieten oder wegzunehmen. Psychische Strafen spekulieren häufig mit der tiefen Urangst von Kindern, verlassen zu sein. Es sind »ausgedachte, überlegte Schädigungen und daher unmenschlich«, so der Kinder- und Jugendpsychiater Reinhart Lempp.[65]

Zum Umfeld psychischer Strafen sind Drohungen, Herabsetzungen, ständige Nörgelei und das Lächerlichmachen zu zählen. Sei es der große Hund, der Polizist, das Kinderheim oder »... dann hat Mami dich nicht mehr lieb«: So manches, was unüberlegt ausgesprochen wird, um das Kind zu disziplinieren, prägt sich ihm fest ein, ängstigt es vielleicht über Wochen und Monate hinweg und hat erheblich schädigende Auswirkungen auf die Prägung seines Selbstbildes. Denn Kinder glauben, was ihnen die Eltern erzählen. Und sie sind verbalen Verletzungen wehrlos ausgeliefert. Das gilt ebenso für Urteile über das Kind selbst, für direkte, unverblümte Abwertungen und solche, die sich hinter beleidigenden Spitznamen, Sarkasmen oder Scherzen verstecken.

Eine besondere Form von Bestrafung, die in kaschierter, unausgesprochener Form ihre destruktive Wirkung entfaltet, liegt in einer Beziehungsveränderung, die sich sozusagen still durch die Hintertür hereingeschlichen hat. Es gibt keine Schläge und auch kein böses Wort. Alles ist, als ob nichts wäre. Doch Lob, Anerkennung und Interesse werden eingestellt, die Eltern sind distanziert, reserviert, sie haben plötzlich »keine Lust mehr«, eine geplante gemeinsame Unternehmung mitzumachen. Das Kind soll unter der heimlichen Aufkündigung der inneren Bindung leiden – ein wahrhaft grausames Vorhaben. Fast ist man versucht, für ein Kind in dieser Situation um ein paar Ohrfeigen zu bitten, damit die unbarmherzige, vernichtende emotionale Leere ein Ende findet.

Kinder ohne gewaltsame, entwürdigende Strafe zu erziehen, sollte ein selbstverständliches Ziel sein. Aber ganz ohne Strafe? Was ist zu tun, damit sich ein Kind selbstkritisch mit seinem Handeln auseinander setzt und Erwachsenen der Einsatz demütigender Machtmittel erspart bleibt? Antworten auf diese Fragen will ein Konzept geben, das vom Grundgedanken ausgeht, im Kind eigene Kräfte gegen kritikwürdiges Verhalten zu mobilisieren, aber von einer konkret ausgesprochenen Strafe nichts wissen will: die »natürliche Strafe« oder »logische Folge«.

Diese wurde vor fast 250 Jahren vom französischen Philosophen und Erziehungstheoretiker Jean Jaques Rousseau erarbeitet und vielfach weiterentwickelt. Hier ist auf den ersten Blick gar kein Mensch mehr zu sehen, der als autoritärer Strafrichter auftreten könnte, denn es ist »das Leben«, das bestraft: Wer sein Zimmer nicht aufräumt, kann in dem selbst fabrizierten Chaos eben seine Turnschuhe nicht finden und deshalb nicht am Training teilnehmen.

Wer seine Spielsachen kaputtmacht, hat sie nicht mehr zur Verfügung. Wer nicht rechtzeitig aus dem Bett und aus dem Haus kommt, wird die unangenehmen Folgen des Zuspätkommens spüren. Wem das Essen nicht schmeckt, muss – nein, darf! – bis zur nächsten Mahlzeit warten, die dann vielleicht dem Appetit mehr entspricht. Solange es nur um persönliche Angelegenheiten des Kindes geht, können sich Eltern auf diese Weise zurückhalten und das Strafen der Logik des Lebens überlassen. Aber soll ich meinen Zehnjährigen etwa den Folgen eines Verkehrsunfalles aussetzen, weil er trotz zahlreicher Mahnungen mit dem Fahrrad auf der Fahrbahn umherschwirrt statt auf dem Fahrradweg? Müssen Eltern nicht doch in unzähligen Fällen ihren Ausguck verlassen und strafend eingreifen?

Eingreifen ja, strafen nein, betonen die Verfechter der natürlichen Strafe. Kinder, die klare, einsichtige und gemeinschaftlich getroffene Absprachen nicht einhalten, die die Rechte anderer missachten, die mit ihrem Egoismus den Freiraum anderer beschneiden oder – wie der übermütige Fahrradfahrer – mit Freiräumen nicht verantwortungsvoll umgehen können, haben mit Konsequenzen zu rechnen, die sich als verständliche, »logische« Folge aus ihrem Handeln ergeben.

Jakob wird sein unentbehrliches Schießeisen für den Rest des Nachmittages abgeben müssen, wenn er anderen Kindern damit auf den Kopf klopft. Christoph hat keine sauberen Sachen mehr, weil seine Mutter nur das wäscht, was neben der Waschmaschine im Wäschekorb liegt, und nicht, was sich als dreckige Pyramide in der Ecke seines Zimmers häuft. Tina verpasst den Anfang ihrer Vorabend-Seifenoper, weil sie mittags ganz vergessen hat, ihren Job als Tischabräumerin zu erledigen. Sie hat damit gegen die Abmachung gehandelt, dass es Fernsehspaß erst gibt, wenn sie ihren Teil der Haushaltspflichten erfüllt hat. Andrea braucht ihre Zähne nicht zu putzen, wenn sie nicht will, aber ihr Anteil an Süßigkeiten wird vorerst nicht ausgehändigt, damit die Zähne heil bleiben.

Logische Folgen beziehen sich direkt auf das Fehlverhalten und fördern eine konstruktive Lösung des Problems, an der die Kinder als aktiv Handelnde und nicht nur als passiv Leidende teilhaben können – anders als eine Strafe, die »rückwärts gerichtet« nur den Fehler erfasst und nicht zur Mitarbeit anregt, Konflikte mit einer für alle akzeptablen Lösung zu beenden.

Zweifellos gründen sich viele logische Folgen auf Bedingungen, die von Erwachsenen aufgestellt werden. Aber sie eröffnen dem Kind in vielen Fällen die Wahl, eine Bedingung einzuhalten oder eben nicht und dann die Folgen auf sich zu nehmen. Eine Verhaltensänderung aus einer inneren Motivation heraus kann bei Kindern aber nur entstehen, wenn die Wahlmöglichkeit wirklich echt ist und die Bewältigung des Konflikts absolut frei bleibt von offenem oder verdecktem Druck.

Geschrei und Gemecker machen logische Folgen ebenso wirkungslos wie heimliche Strafabsichten. Logische Folgen sind keine Trickkiste. Kinder wittern mit sicherem Instinkt, ob eine logische Folge von Fairness getragen ist oder von dem versteckten Wunsch nach Vergeltung oder Sieg. Wenn sie sich zunächst für die klar umrissenen Folgen entscheiden statt für Verhaltensänderung, müssen sie dies tun können, ohne dass Erwachsene nachträglich die Schraube fester drehen, aber auch, ohne dass Eltern nachgeben. Erst dann erhalten Kinder die Möglichkeit, Verantwortung für sich zu übernehmen.

Die Mutter von Christoph, der seine schmutzigen Klamotten nicht vereinbarungsgemäß zum Waschen abliefert, muss zum Beispiel damit rechnen, dass ihr Junge ungerührt weiter in ungewaschener Kleidung herumläuft. Vielleicht sind ihm bekleckerte Pullover weit weniger unangenehm als seiner Mutter, die fürchtet, andere Leute könnten denken, sie ließe ihre Kinder verlottern. Wenn sie nun Christoph mit ständigen Bemerkungen wie »Du siehst wirklich aus wie ein Ferkel« oder »So gehst du mir nicht los!« auf die Sprünge helfen will, hat sie den Pfad der Tugend bereits verlassen, aber auch, wenn sie künftig schimpfend selbst wieder Christophs Aufgabe übernimmt.

Logisch wäre es, mit ihm offen über die ganze Sache zu sprechen. Was sollte Christoph dann noch hindern, seiner Mutter entgegenzukommen? Kinder wollen nett sein und mithelfen – wenn man

167

ihnen einen Weg dafür offen hält. Vielleicht gibt es eine Vereinbarung, die besser zum Ziel führt. Etwa eine Zeit lang gemeinsam herauszusuchen, was in die Wäsche muss, bis Christoph allein zu einer Routine gefunden hat.

Erwachsene, so der Kinderpsychologe Rudolf Dreikurs in seinem engagierten Plädoyer für die logischen Folgen, sollten sich persönlich aus dem Konflikt zurückziehen und »als Freunde dabeistehen ... Wenn die Eltern sich bedroht oder besiegt fühlen, sind sie nicht in der Lage, logische Folgen anzuwenden, weil sie persönlich zu sehr verstrickt sind.«[66]

Diese persönliche Betroffenheit macht es Eltern häufig unmöglich, das Kind in seinen Grenzen und Möglichkeiten objektiv zu sehen. Der Gedanke an Sieg und nicht zuletzt auch an Vergeltung bestimmt allzu oft das Geschehen. Aggression macht nun mal geneigt, die eigene Stärke auszuspielen, die alten Zwangsmittel anzuwenden. Kaum ein anderer Aspekt im Zusammenleben mit Kindern bietet deshalb Erwachsenen eine so reichhaltige Auswahl, Fehler zu machen, wie das Strafbedürfnis von Müttern und Vätern.

Eltern machen Fehler – sie dürfen sie machen, sie können gar nicht anders: Kinder großzuziehen ist eine Erfahrungsaufgabe, ein ewiges Praktikum. Keine pädagogische Theorie kann Eltern deshalb abnehmen, den mühsamen Weg der fairen Auseinandersetzung selbst zu gehen, Sackgassen inbegriffen – auch logische Folgen können gewaltsam und demütigend sein, wenn man die Bedingungen entsprechend gestaltet.

Aber Fehler können wettgemacht, falsche Entscheidungen revidiert werden. Eltern können die Bereitschaft entwickeln, sich auf andere Lösungen einzulassen, als es ihnen die erste wütende Erregung eingibt. Sie können mit Alternativen experimentieren, um Erfahrungen und damit auch Sicherheit zu gewinnen. Verständnisvollere, gerechtere, auf gegenseitiger Achtung basierende Konfliktlösungen setzen jedoch voraus, dass Eltern sich über die Beweggründe aller Beteiligten und über die dahinter stehenden Gefühle klar werden. Und sie erfordern eine Sicht des Kindes als eines unterstützungsbedürftigen Partners, nicht eines Gegners.

Empathie – das Talent, sich in Kinder einzufühlen

Tobias sitzt mit seinem Vater zusammen und probiert ein neues Videospiel aus. Gebannt starrt er auf die lustigen Figuren, die über den Bildschirm laufen. »Du musst endlich mal die Taste da drücken, sonst machen wir keine Punkte«, mahnt sein Vater. Tobias, der Mühe hat, sich auf so viel Action gleichzeitig zu konzentrieren, drückt eine Taste – leider die falsche. »Die andere, nimm die andere!«, kommandiert sein Vater. Tobias versucht die andere und lässt gleich den Finger darauf liegen. Die Figuren machen weiterhin, was sie wollen. »Nur antippen, Mensch, nur antippen!« Tobias' Vater zeigt Ungeduld.

»Lass mich mal!« Bevor Tobias überhaupt etwas lassen kann, hat der Vater ihn schon beiseite geschoben. Jetzt läuft die Sache, die Pluspunkte summieren sich. Irgendwann ist Tobias wieder dran. Unsicher schaut er seinen Vater an, wenn er wieder einen Fehler gemacht hat. »Mann, guck doch nach rechts, da kommen schon wieder welche! Du musst schneller sein, schneller!« Tobias versucht es dem Vater recht zu machen. Der verdreht frustriert die Augen. »Die andere Taste, hab ich gesagt. Wie oft soll ich das noch sagen! Streng dich doch mal ein bisschen an, du bist doch nicht blöd!« Tobias kneift die Lippen zusammen und strengt sich an. Aber in seinem Kopf ist ein einziges Durcheinander. Schließlich steht er auf und will nicht mehr weiterspielen. Der Vater schüttelt verärgert den Kopf: »Das Spiel ist doch wirklich total einfach, du beleidigte Leberwurst!«

Das simple Videospiel ist eine aufschlussreiche Beschäftigung – so aufschlussreich, dass es eine Forschungsgruppe zur Grundlage einer Untersuchung über den emotionalen Stil von Eltern machte.

Unter den Vätern und Müttern fanden sich einige, die herrisch die Führung übernahmen, schnell die Geduld wegen der Ungeschicklichkeit ihrer Kinder verloren, sie verächtlich abqualifizierten oder sogar wütend anschrien. Andere zeigten dagegen Nachsicht bei Fehlern ihres Kindes. Sie halfen ihm, das Spiel auf seine Weise zu erkunden, statt ihm den elterlichen Willen aufzuzwingen. Sie nahmen auch die Gefühle ihrer Kinder ernst, sie bemühten sich in anderen Situationen, genau zu verstehen, weshalb die Kinder erregt waren, und zeigten ihnen, mit Ärger, Wut oder Traurigkeit fertig zu werden.[67]

Diese Eltern verfügten über eine emotionale Qualität, die unser Talent, Beziehungen zu gestalten, ganz wesentlich mitbestimmt: Empathie – die Fähigkeit, sich in andere hineinzuversetzen und sich auf sie einzustellen. Dazu gehört es, die emotionale Verfassung eines anderen Menschen überhaupt zu bemerken, sie aus dem Tonfall, Gebärden, dem Gesichtsausdruck herauszulesen und zu deuten.

Empathie hat nichts mit akademischer Intelligenz zu tun, aber viel mit Selbstwahrnehmung: Je offener wir für unsere eigenen Emotionen im Allgemeinen sind, je selbstverständlicher wir sie zulassen, weil uns der Umgang mit ihnen vertraut ist, desto besser können wir die Gefühle anderer wahrnehmen und mit ihnen umgehen. Aber auch unsere augenblickliche emotionale Verfassung bestimmt über das Maß an Empathie, das wir für andere aufbringen. Wenn das »emotionale Gehirn« eine starke Reaktion – Angst oder Wut – im Körper auslöst, ist Empathie nicht oder kaum möglich: »Empathie setzt eine gewisse Gelassenheit und Aufnahmebereitschaft voraus, damit das emotionale Gehirn die subtilen Signale des Empfindens eines anderen Menschen aufnehmen und nachahmen kann.«[68]

Für Kinder beginnt sich die Empathiefähigkeit ihrer Eltern schon in der Wiege auszuwirken. Wenn ein Baby vor Freude quietscht, bekräftigt die Mutter diese Freude, indem sie dem Kind antwortet und sich dabei mit der Höhe ihrer Stimme auf die Laute des Babys einstellt. Unzählige solcher »Abstimmungen« schicken Mütter tagtäglich ab. Das Kind erfährt dabei, dass seine Gefühle aufgenommen, akzeptiert und erwidert werden. »Dieses emotionale Lernen setzt in den ersten Lebensmonaten ein und geht während der ganzen Kindheit weiter. All die kleinen Interaktionen zwischen Elternteil und Kind haben einen emotionalen Subtext, und durch die jahrelange Wiederholung dieser Botschaften entwickeln Kinder den Kern ihrer emotionalen Einstellung und ihrer Fähigkeiten.«[69]

Je nachdem, wie begabt sich Eltern bei dieser emotionalen Einfühlung und Verständigung erweisen, fallen die Grundlektionen des Kindes aus: ob es sich geborgen und wichtig genommen fühlt, ob es auf Unterstützung vertrauen kann oder ob es den Eindruck erhält, fehlerhaft, uninteressant oder überflüssig zu sein. Eltern, die zu wenig oder gar keine Einfühlung in die Emotionen des Kindes zeigen – zum Beispiel in seinen Stolz über eigenes Können oder in den Wunsch nach Anlehnung und Zärtlichkeit –, bewirken, dass das Kind die Äußerung und sogar das Empfinden dieser Emotionen meidet. »Auf diese Weise können vermutlich ganze Empfindungsbereiche aus dem Repertoire für intime Beziehungen getilgt werden, besonders wenn diese Gefühle während der Kindheit weiterhin versteckt oder offen entmutigt werden.«[70]

Für Kinder ist es aber nicht nur wichtig, dass sie all ihre Emotionen zeigen dürfen und auch damit rechnen können, dass ihre Gefühlsäußerungen richtig »entziffert« werden. Sie brauchen darüber hinaus einen »emotionalen Trainer oder Mentor«, wie es der Psychologe Daniel Goleman formuliert, der ihnen vorlebt und hilft, mit Gefühlen umzugehen: Wut zu zeigen oder ein Anliegen zu vertreten, ohne andere zu verletzen; sich wieder beruhigen zu können; die Erfüllung eines Wunsches aufschieben zu können. Das setzt voraus, dass Eltern die heftigen Gefühlsausbrüche von Kindern aushalten und lenken können und dass sie bereit sind, in dieses Training eine Menge aktive, verständnisvolle Beteiligung zu investieren.

Oft lösen solche Ausbrüche aber ebenso heftige Abwehrreaktionen bei Erwachsenen aus, wenn sie selbst keine Sicherheit und Offenheit im Umgang mit Gefühlen entwickeln durften. Sie versuchen, einen Wutausbruch gewaltsam zu beenden. Oder sie schicken ihr Kind jedes Mal aus dem Zimmer, wenn es wütend aufbegehrt. Einem weinenden Kind werden seine Gefühle ausgeredet: War doch gar nicht schlimm! Tut doch gar nicht weh! In diesen Fällen erfährt es stets, dass seine Gefühle nicht richtig, nicht akzeptabel sind, aber es erfährt nicht, wie es seine Gefühle steuern kann.

Hinzu kommt, dass die Vehemenz der überschäumenden kindlichen Gefühle auch auf die Kinder selbst beängstigend wirkt, eben weil sie so mächtig und dem eigenen Einfluss noch nicht unterworfen sind. Wenn ein Kind spürt, dass die Eltern ängstlich, aggressiv oder blockierend auf seine Gefühlsäußerungen reagieren, wird dies seine Unsicherheit verstärken. Wenn von den Erwachsenen dagegen die Zuversicht ausgeht, dass sich ein Wutanfall meistern und ein Jammertal durchschreiten lässt, kann es diese Sicherheit übernehmen und zur Steuerung seiner Gefühle nutzen. Es kann sich in der empathischen Beteiligung des Erwachsenen aufgehoben fühlen, auch wenn dieser deutlich macht, dass er die Art und Weise, die das Kind gerade zum Ausdruck seiner Gefühle wählt, nicht billigt: Gefühle können niemals »falsch« sein, sie entstehen nie grundlos und verdienen deshalb Aufmerksamkeit und Respekt. Aber es kann andere, für alle verträglichere Möglichkeiten geben, sie zu äußern. Empathie für Kinder umfasst jedoch noch weit mehr als die Einfühlung in ihren aktuellen Gemütszustand. »Dem Kinde gegenüber bedeutet Empathie vor allem, daß wir dieses als ein Wesen mit eigenen Erfahrungsweisen, eigenen Bedürfnissen und eigenen Rechten verstehen und wichtig nehmen können«[71], betont der Wissenschaftler und Familientherapeut Helm Stierlin.

Wie sehen die Rechte von Kindern aus und wie ernst ist es uns, sie diese wahrnehmen zu lassen? Ein Strandspaziergang zur Urlaubszeit kann darüber einen ersten Überblick geben. Da werden Kinder von ihren Eltern eifrig beim Bau von Sandburgen unterstützt, deren Perfektion keinen Zweifel daran lässt, wer hier die Bauleitung hatte. Und jetzt der Schwimmkurs: Er muss zufrieden stellend abgeschlossen sein, bevor wir wieder heimfahren. Also hinein in die Fluten, ich zeig dir mal, wie lustig es im tiefen Wasser ist, auch wenn du dabei Rotz und Wasser heulst!

Fortsetzung folgt zu Hause: Fürs Fahrradfahren braucht man Schwung, deshalb sei kein Feigling, nimm endlich den steilen Abhang! Aber sei vorsichtig! Pass auf, gleich fällst du hin! Oder:

Das Kind kann sich mit vier Jahren noch nicht von der Nuckelflasche trennen. Wenn man nicht einschreitet, kaut es noch als Abiturient darauf herum. Also weg damit, aller Tränen zum Trotz. Und die unappetitliche »Schatzsammlung« aus den Anoraktaschen gleich hinterher. Dein Taschengeld kommt in den Spartopf und nicht zur Kioskfrau. Freu dich, heute hab ich dein Zimmer aufgeräumt, du wirst kaum noch etwas finden! Erwachsene neigen dazu, sich die Angelegenheiten ihrer Kinder zu Eigen zu machen. Sie mischen sich unablässig ein, überwachen, bestimmen, regeln, mahnen, korrigieren, appellieren. Denn sie können alles besser, schneller, perfekter. Sie sind Weltmeister der langatmigen Vorträge und der ausdauernden Kritik, wie sie es sich anderen Menschen (auch anderen Kindern) gegenüber kaum erlauben würden. Worum es hier geht, sind nicht die Dinge, die man seinem Nachwuchs aus guten Gründen versagen muss oder von ihm fordern kann. Hier geht es um die Achtung vor der Privatsphäre von Kindern und darum, ihr Recht auf Selbstbestimmung und Selbstverantwortung, ihr Grundrecht auf freie Entfaltung der Persönlichkeit ernst zu nehmen.

Eltern gelingt es häufig nicht, für diese Rechte und Bedürfnisse Empathie zu entwickeln. Ein Grund für dieses Unvermögen liegt in einer Besonderheit unserer modernen Industriegesellschaft, nämlich fortwährend beurteilt zu werden. »Vor allem gilt dies für Kinder, denn das Kind muß nicht nur abgegrenzte Leistungen erbringen wie der Erwachsene, sondern es hat darüber hinaus die Pflicht, erwachsen zu werden«[72], schreibt der Erziehungswissenschaftler Heinrich Kupffer. Wir betrachten Kinder deshalb als unfertige Menschen. Wir sehen sie als Wesen, die ihrer Vervollkommnung entgegengeführt werden müssen und daher einer ständigen, kontrollierenden und vergleichenden Bewertung sowie zahlloser Eingriffe bedürfen, um schließlich dem Bild zu entsprechen, das wir für sie entworfen haben. Die Folge ist, dass wir uns Kindern gegenüber oft völlig anders verhalten als gegenüber anderen Mitmenschen.

Das Zigarettenloch, das Mutters beste Freundin in Mutters beste Tischdecke gebrannt hat, beruht auf einem ärgerlichen Missgeschick. Doch um der guten Atmosphäre willen: Schwamm drüber!

Die Missgeschicke von Kindern werden indessen häufig ganz anders gemessen: Sie sind keine Fehler, wie sie allen anderen auch unterlaufen, sondern Ausdruck des Noch-nicht-Könnens und geben Anlass für heftige Reaktionen und ausschweifende Predigten. Und dann wundern sich Eltern auch noch, dass ihre Kinder »Kritik so schlecht ertragen können«. Wer sich einmal die Mühe macht, die täglichen positiven und negativen Kommentare gegeneinander aufzurechnen, kann mit großer Wahrscheinlichkeit ein deutliches Übergewicht kritischer, abwertender Äußerungen feststellen. Der »Nörgelfaktor«, der unser Einfühlungsvermögen so nachhaltig untergräbt, treibt sein zersetzendes Unwesen. Beziehungsforscher, die sich dieses Nörgelfaktors und seiner Wirkung angenommen haben, kommen dagegen zu dem Schluss, dass fünf positive Botschaften nötig sind, um eine einzige negative aufzuwiegen.

Sicher stecken viele gute Absichten hinter dem unermüdlichen Eingreifen von Eltern. Sie fühlen sich für ihr Kind und seine Zukunft verantwortlich. Das erfüllt sie oft mit Sorge und mit Unsicherheit über ihr eigenes Handeln: Was geschieht, wenn ich den Dingen ihren Lauf und das Kind gewähren lasse? Wird es aus einer Freude, die ich ihm heute mache, morgen ein Recht ableiten? Bringe ich es nächste Woche oder nächstes Jahr in Schwierigkeiten, wenn ich heute nichts unternehme? Bin ich nicht verpflichtet, seinen Charakter, seine Fähigkeiten, seine Einstellungen zu formen und zu lenken?

Solche Motive für erzieherische Maßnahmen, die sich häufig auf eine ferne Zukunft beziehen, können Eltern und Kindern das Glück der Gegenwart verderben. Wenn Erziehungsziele wichtiger werden als das Kind, können wir für seine eigenen Erfahrungsweisen, Bedürfnisse und Rechte keine Empathie entwickeln. Je besser wir uns von der erdrückenden Fülle erzieherischer Ansprüche lösen können, desto eher können wir auch die Dinge auf uns zukommen lassen, ohne gleich eine Lösung parat zu haben. Eltern können und dürfen überhaupt nicht immer wissen, wie es weitergehen soll, meint der Psychologe und Elternberater Ekkehard von Braunmühl. Sie verlieren nichts von ihrer Selbstsicherheit, wenn sie sich – und ihren Kindern – von Fall zu Fall eingestehen, dass sie ratlos sind:»Sie werden sehen, dann sind Ihre Kinder am Zuge, und Sie befinden sich von selbst unversehens in einem echten Dialog.«[73] Kinder haben das Recht auf einen individuellen Entwicklungsrhythmus und ein eigenes Lerntempo. Eltern fällt es oft schwer, dies anzuerkennen und sich in Geduld zu fassen, vor allem wenn der wertende Vergleich mit anderen Kindern zum Nachteil für das eigene Kind ausfällt. Ihnen fehlt das Vertrauen, dass sich ihr Kind»aus sich heraus« und nach seinen Gesetzmäßigkeiten entwickeln und seinen Weg finden wird. Groß ist die Versuchung, hier nachzuhelfen und Kinder zu Leistungen zu»überreden«, die sie nicht bringen können oder wollen. Oder»Unarten« zu bekämpfen, die vielleicht nur etwas Zeit und Gelassenheit brauchen, um sich selbst zu erledigen.

Eigenständiges Lernen schließt eigene Erfahrungen und Fehlversuche ein. Dabei abwartend ihren Kindern zuzusehen, ist ebenfalls vieler Eltern Sache nicht. Sie springen herbei und übernehmen die Regie, oftmals mit einem Automatismus, der zwischen notwendigem Eingreifen und Bevormundung nicht unterscheiden kann. Erwachsene können Kindern Ratschläge erteilen, Hilfe anbieten und ihre Meinung sagen wie jedem anderen auch. Aber sie sollten auch bereit sein zu akzeptieren, dass diese Unterstützung abgelehnt wird – erst dann zeigt sich, ob der Ratschlag ein Ratschlag war oder ein nett formulierter Befehl. Eltern reagieren häufig empört oder mit verstärktem Druck, wenn Kinder sich gegen ihre Nachhilfe, sei sie hemmender oder vorantreibender Natur, wehren und ihre Eigenständigkeit verteidigen. Verantwortlich für daraus entstehende Konflikte wird dann schnell das Kind gemacht, weil es bockig und uneinsichtig erscheint.

Auch Kinder haben Anrecht auf eine Privatsphäre, wie sie jeder Erwachsene mit Selbstverständlichkeit für sich reklamiert. Ihr Besitz, ihre Freundschaften, ihre Meinung, ihre Sympathie oder Antipathie sollten ihre Angelegenheit sein. Eltern begreifen Kinder jedoch oft als Teil ihrer selbst und nicht als ein Individuum mit eigenen Vorlieben und Abneigungen, eigener Wahrnehmung und Meinung, eigenen Gefühlen und eigenem Willen. Diese Sichtweise macht es Eltern so schwer, ihren Kindern eine geistige und seelische Eigenständigkeit zuzugestehen. Sie verstellt auch die Möglichkeit, Gegensätze zu tolerieren und nebeneinander bestehen zu lassen. Das kann nur gelingen, wenn wir die Achtung vor Kindern als »anderen« Menschen bewahren können.

Was Kinder sicher nicht brauchen, sind makellose Elternexemplare, die immer alles richtig machen. Eltern können deshalb das Vorhaben, perfekt zu sein, guten Gewissens an den Nagel hängen. Stattdessen dürfen und sollen sie sich Unvollkommenheit zugestehen. Seine Fehler und Schwächen zu akzeptieren, ist eine große Entlastung. Dies verhindert Schuldgefühle und eröffnet die Möglichkeit, das nächste Mal anders zu handeln. Es erleichtert den wichtigen Schritt, gegenüber Kindern ehrlich zu sein und sich für Fehlhandlungen zu entschuldigen: Erwachsenen fällt dabei ganz gewiss kein Zacken aus der Krone, sie gewinnen vielmehr an Menschlichkeit und Echtheit, werden vergleichbarer und vertrauenswürdiger. Die eigenen Unvollkommenheiten zu sehen und offen zu legen, schafft Nähe und lässt Eltern und Kinder nach Konflikten schneller wieder zueinander finden. Und wer sich selbst zugesteht, Fehler machen zu dürfen, kann nicht zuletzt auch mit den Fehlern von Kindern nachsichtiger und großzügiger umgehen.

Konstruktives Streiten

Gespräch mit dem Familientherapeuten Klaus-D. Peter Bartning

Cornelia Nack: *Im Familienleben kann es gar nicht ausbleiben, dass unterschiedliche Interessen aufeinander prallen und Konflikte entstehen. Viele Trainingsprogramme, auch solche für Eltern, zielen darauf ab, Konflikte gütlich im einfühlsamen Gespräch beizulegen und den anderen ohne Streit für die eigenen Ziele zu gewinnen. Eine ehrliche Auseinandersetzung braucht aber auch den Widerstreit der Meinungen. Viele Eltern haben jedoch in ihrer Herkunftsfamilie nicht erfahren, wie man Konflikte im offenen, konstruktiven Streit austrägt. Welche Auswirkungen kann das Fehlen einer positiven Streitkultur auf das Familienklima haben?*

Klaus-D. Peter Bartning: Zum einen kann es dazu führen, dass man sich gar nicht mehr zu streiten wagt, dass sozusagen »Heile Welt« gespielt wird: Alles, was gegen einen anderen gerichtet sein könnte, muss unter den Teppich gekehrt werden. Eine solche Situation kann die Psyche aber auf Dauer nicht aushalten, denn jeder hat neben Harmoniebedürfnissen auch Abgrenzungswünsche, jeder muss mal nein sagen. Das aber ist in manchen Familien – unausgesprochen – regelrecht verboten, Streit muss um alles in der Welt vermieden werden. Das Resultat sind sehr oft psychosomatische Erkrankungen.

Zum anderen gibt es natürlich eine Vielzahl von Möglichkeiten des unproduktiven Streitens. Die eigene Position wird zum Beispiel nicht offen, sondern auf indirekte Weise durchgesetzt. Es wird gestichelt, gemäkelt oder gemault. Weit verbreitet ist auch, den anderen damit unter Druck zu setzen, dass es einem selbst schlecht geht. Ich habe viele Klienten, die mir erzählen, dass sie in Konfliktsituationen von ihren Eltern so etwas zu hören bekommen wie: Deinetwegen habe ich jetzt wieder Herzbeschwerden! Die eigentlichen Dinge werden also nicht offen und konstruktiv von Person zu Person ausgetragen, sondern es werden indirekte Wege gesucht, weil man dann natürlich auch weniger angreifbar ist und meint, solche Machtspielchen würden einen schützen.

Vor der Demontage durch den Streitgegner?
Ja, zum Beispiel. Es gibt viele Menschen, die Widerspruch oder Kritik – auch eine rein sachliche – als Angriff auf ihre Person empfinden. Das hat natürlich einen Hintergrund in der eigenen Biographie: Wenn etwa Streitsituationen für ein Kind häufig mit einer Abwertung seiner Person verbunden waren, kann das zur Folge haben, dass es sich später als Erwachsener bei Auseinandersetzungen schnell persönlich getroffen fühlt, auch wenn dies gar nicht beabsichtigt ist. Konfrontationen sind deshalb nur schwer auszuhalten. Sie werden abgewehrt, manchmal schon vorsorglich: Es wird sofort aus allen Rohren zurückgeschossen, oder man zieht sich zurück und schmollt oder man wird krank und übt dadurch Macht aus oder man lässt den anderen ins Leere laufen.
Und damit beginnt ein Teufelskreis: Der andere scheitert mit seinen Versuchen, sich wirklich auseinander zu setzen. Er fängt im Laufe der Zeit vielleicht seinerseits an, entsprechende Strategien zu entwickeln. Wenn man ein solches Verhalten Kindern vorlebt, ist bereits die nächste Generation involviert. Auch sie erfahren, aha, ich werde nicht ernst genommen oder in meiner Person angegriffen, ich muss entsprechende Schutzmaßnahmen treffen, und meine Eltern zeigen mir, auf welche Weise das funktioniert. Im Extremfall geht es dann bei Auseinandersetzungen gar nicht mehr um die Sache, sondern darum, den anderen im Kern zu treffen und selbst so unangreifbar wie möglich zu bleiben. Diese indirekten Wege können natürlich nicht zu Lösungen führen und belasten das Familienklima.

Es sollte also offen gestritten werden?
Hier ist zunächst zu fragen: Was bedeutet denn,»offen« zu streiten? Nicht jeder Streit, der offen ausgetragen wird, ist sinnvoll und konstruktiv. Es gibt Familien, in denen dauernd gestritten wird, und das kann sehr negative Folgen haben. Untersuchungen belegen, dass sich ein hohes Dauerkonflikt-Niveau auf Kinder sehr schädlich auswirkt. Entscheidend ist zunächst, dass eine positive Grundatmosphäre vorhanden ist, eine Grundsicherheit, dass ein Streit nicht an den Fundamenten rüttelt. Zum anderen geht es um die Art des Streitens. Streit sollte eben nicht ein Kampf sein, ein gegenseitiges Aufeinander-Herumhacken, es gibt Sieger und Besiegte, und dann ist wieder Ruhe bis zum nächsten Mal. Sondern jeder bringt sich offen ein – eben nicht indirekt, versteckt. Und es sollte gemeinsam eine Lösung erreicht werden.

Alles, was in der Familie geschieht, ist ja ein Lernpotenzial für Kinder. Wenn sie erleben: Wir haben eine positive Basis, die nicht in Frage gestellt wird, wir setzen uns bei einem Streit fair auseinander und finden gemeinsam Lösungswege – phantastisch. Dann ist es auch möglich, sehr emotional zu streiten, wenn es sein muss.

Wie emotional dürfen denn Eltern beim Streiten sein? Sollen sie ihren Gefühlen freien Lauf lassen?
Natürlich sollen Eltern ihre Gefühle, ihren Ärger, auch ihr Verletztsein offen äußern – in angemessener Weise. Elternschaft bedeutet ja nicht, dass ich meine Person beiseite stelle. Es ist wichtig, dass ich mich vertrete, anderenfalls würde ich Teile meiner Persönlichkeit ausgrenzen, und das rächt sich immer.

Aber im Gegensatz zum Streit mit einem Erwachsenen, bei dem ich meinen Ärger herauslassen und darauf vertrauen kann, dass der andere für sich selber sorgt, gibt es beim Streit vor allem mit kleinen Kindern Einschränkungen. Hier müssen Erwachsene mit dem Dosieren ihres Ärgers vorsichtig sein und ihre Emotionen sehr herunterfahren, weil kleine Kinder heftige Äußerungen in besonderem Maß auf sich als Person beziehen.

Ich würde sogar berechtigten Ärger nicht emotional ausdrücken, sondern ihn nur in Form einer Ich-Botschaft benennen, wie zum

Beispiel: Ich bin jetzt ärgerlich auf dich, weil du mir hier alles durcheinander bringst, was ich gerade mühsam eingeordnet habe. Mit Formulierungen wie »Du böses Kind, was hast du hier wieder angestellt?« würde hingegen genau das erreicht, was ich vorhin ansprach: Kritik wird als Abwertung der Person erfahren, das Kind wird sich in Streitsituationen auch später immer wieder als Person in Frage gestellt fühlen und Auseinandersetzungen nicht konstruktiv bewältigen können.

Eltern sollten auch sehr genau darauf achten, welche Wirkung ihre Äußerungen auf das Kind haben. Kleine Kinder können schnell tief getroffen sein, wenn Erwachsene laut werden. Kleine Kinder sind auch sprachlich unterlegen und können nicht einen Standpunkt argumentativ vertreten. Sie werden vielleicht ganz still oder weinen. Erwachsene sollten deshalb nicht nur bei sich und ihrem Ärger sein, sondern auch wahrnehmen: Wie kommt das, was ich sage, beim Kind an? Fühlt es sich getroffen und schluckt alles runter? Dann wäre es wichtig, es noch einmal anzusprechen und klarzustellen: Du, ich hab dich lieb! Aber das, was du vorhin gemacht hast, war nicht in Ordnung.

Wenn Eltern wütend sind, sehen sie aber oft das Kind und seine Reaktionen gar nicht mehr. Deshalb empfehle ich, mit dem Kind in Augenkontakt zu bleiben, ihm bewusst in die Augen zu gucken. In der Regel können Eltern dadurch den Streit leichter auf eine konstruktive Ebene lenken, weil sie spüren: Da ist ein Gegenüber, jemand, der auf mich reagiert und auf den ich reagieren und mich einstellen kann.

Mit zunehmendem Alter des Kindes kann ich es dann immer mehr als gleichwertigen Streitpartner sehen in dem Sinn, dass jeder auch emotional seinem Ärger Luft macht. Dies sollte allerdings für alle Beteiligten in einem Rahmen geschehen, der Beleidigungen oder Tätlichkeiten ausschließt. Eltern wie Kinder haben das Recht, im Streit alle Gefühle zu zeigen – Kinder tun dies ohnehin von Natur aus. Aber auch sie müssen lernen zu differenzieren: Man kann seine Wut ausdrücken, ohne das Spielzeug an die Wand oder mit beleidigenden Schimpfwörtern um sich zu schmeißen.

Im Streit mit Kindern können Eltern leicht ihren Status und ihre Überlegenheit ausspielen – zum Beispiel, indem sie bestimmen, wie und worüber überhaupt gestritten werden darf. Oder indem sie einen Streit kurzweg mit einer Anordnung beenden. Wie können sich Eltern als faire Streitpartner erweisen?

Eltern sind natürlich immer wieder in Gefahr, die Dinge in ihrem Sinne per Gesetz und über den Kopf der Kinder hinweg zu regeln. Hier muss man unterscheiden: Es gibt Situationen, in denen Eltern nicht umhinkommen, Entscheidungen zum Wohl oder Schutz des Kindes zu treffen und etwas einfach zu bestimmen. Dies sollte auch deutlich deklariert werden: Ich verstehe dein Anliegen und setze mich damit auseinander, aber aus meiner Fürsorge heraus kann ich dir nicht entgegenkommen.

Grundsätzlich sollten Eltern ihre Kinder aber immer wieder als eigenständige Persönlichkeiten sehen und die Dinge, die ihnen wichtig sind, genauso ernst nehmen, wie man dies bei einem Erwachsenen tun würde. Dies bedeutet, dass Eltern bereit sind, Kindern überhaupt erst einmal gründlich zuzuhören, um dann gemeinsam nach Lösungswegen zu suchen. Konstruktive Auseinandersetzung muss gelernt werden. Dies kann nur geschehen, wenn Kinder respektiert werden und ihnen ein altersgemäßer Mitbestimmungsbereich eingeräumt wird, der mit ihnen wächst.

Welche Regeln für konstruktives Streiten sollten Eltern beachten?
Wichtig ist, den eigentlichen Streitpunkt, das wirkliche Thema des Streits genau zu erkunden. Auseinandersetzungen kreisen häufig um Dinge, die den Kern des Problems gar nicht erfassen und deshalb auch keine konstruktive Lösung ermöglichen.

Wenn ein Kind zum Beispiel keine Lust mehr hat, am Sonntagnachmittag mit den Eltern ins Grüne zu fahren, konzentrieren sich die Auseinandersetzungen um dieses Thema vielleicht immer wieder darauf, dem Kind die Unternehmung schmackhaft zu machen. Tatsächlich geht es ihm aber darum, den Nachmittag allein und nach seinem Ermessen zu gestalten.
Das ist ein gutes Beispiel dafür, wie wichtig es ist, genau zuzuhören,

nachzufragen, nicht nur das eigene Ziel zu verfolgen. Sonst verlieren wir den anderen aus den Augen, und es entzünden sich immer wieder Konflikte, weil das eigentliche Thema nicht bearbeitet wird.

Hinter dem Streit um ein Sachthema können sich auch Beziehungskonflikte verbergen, ohne dass dies von Eltern erkannt wird. Beim Streit um die gute Hose, die der Sohn zu Opas Geburtstag anziehen soll, aber nicht will, geht es vielleicht in Wirklichkeit um mehr Selbständigkeit, die das Kind auf diese Weise einfordert.

Ja, in so einem Fall könnte der Streit symbolisch für ein Thema stehen, das die Beziehung zwischen Mutter und Sohn betrifft: die Loslösung von den Eltern, der Wunsch nach mehr Eigenverantwortlichkeit und wie weit die Mutter dies akzeptieren und ihr Kind loslassen kann. Dieser Hintergrund ist natürlich nicht immer leicht herauszufinden. Aber Äußerungen wie »Immer musst du über mich bestimmen, ich bin doch kein kleines Kind mehr, das ist allein meine Sache!« weisen darauf hin, dass es nicht um das Sachthema »Hose« geht, sondern hier wird die Beziehungsebene – »Du bestimmst immer alles« – ganz deutlich angesprochen. Solche Aussagen sollten Eltern aufmerksam registrieren und darauf eingehen, damit die Störung auf der Beziehungsebene vorrangig geklärt werden kann. Die Mutter könnte also ihren Sohn fragen, ob er sich bevormundet fühlt, und damit ein Gespräch über die Mutter-Sohn-Beziehung in Gang bringen.

Gibt es noch weitere Streitregeln?

Eine Streitregel habe ich schon erwähnt, nämlich Gefühle in Ich-Form zu nennen und persönliche Aussagen zu machen, die den Streitpartner nicht abwerten.

Bei einem aktuellen Anlass sollte sich ein Streit auch nur auf diesen konzentrieren. Die Vergangenheit und alter Ärger müssen außen vor bleiben. Dies wird aber schwierig, wenn Eltern Ärger aufstauen, bis sie irgendwann explodieren. Wenn ich mich hingegen nicht scheue, die Dinge im Hier und Jetzt sofort anzusprechen, kann ich auch meinen Ärger der Situation angemessen ausdrücken und werde nicht so leicht von aufgestauten und damit wenig hilfreichen

Emotionen überwältigt. Und je deutlicher ich zu mir in Kontakt bin und spüre, jetzt werde ich wütend, desto eher kann ich etwas unternehmen, zum Beispiel meinen Ärger nennen, eine Vorwarnung geben.

Geübte Streiter achten auch sonst darauf, dass jeweils nur ein einziges Thema zur Sprache kommt, bis eine Lösung gefunden ist. Ein Thema nach dem anderen und bis zur Klärung strikt bei einer Sache bleiben, lautet die Regel. Wenn alles Mögliche angesprochen wird oder alte, unbearbeitete Streitpunkte in die Auseinandersetzung hineinspielen, weil sie vermeintlich dazugehören, ist der Faden bald nicht mehr zu entwirren. Dann knallen nachher oft die Türen, weil vieles gesagt, aber nichts geklärt wurde.

Schließlich sollte jeder Streit einen Abschluss haben. Dieses Ende sollte von Erwachsenen auch bewusst formuliert werden, damit die Atmosphäre nicht mehr belastet ist. Einen Streit abzuschließen heißt nicht nur, auf sachlicher Ebene eine Lösung gefunden zu haben. Es bedeutet vor allem, eine Versöhnung erreicht zu haben, emotional wieder klar zueinander zu sein. Selbst in Fällen, bei denen nicht sofort eine Einigung erzielt werden kann, sollte es heißen: Wir können das jetzt nicht abschließend regeln, wir müssen es nochmals aufgreifen, aber wir vertragen uns jetzt, damit nichts zwischen uns steht.

Ein konstruktiver Streit endet mit einer Einigung, nicht mit Siegern und Besiegten. Welche Lösungswege stehen den streitenden Parteien denn offen?

Zunächst sollten die Beteiligten ihre Standpunkte darlegen. Jeder darf seine Meinung sagen, seine Gefühle nennen, sein Einzelinteresse deutlich machen. Wichtig ist, dass dann nach einer Lösung in einem Klima der Gemeinschaftlichkeit gesucht wird: Wie können wir gemeinsam die Situation ändern, das Problem klären? Der nächste Schritt wäre, eine Reihe von Vorschlägen zusammenzutragen, und es zeigt sich immer wieder, dass gerade Kinder hierbei sehr kreativ sind und phantastische Ideen haben.

Mögliche Streitlösungen bietet neben dem Kompromiss, bei dem alle ein Stück von ihrer Position abrücken, das abwechselnde

Bestimmen. Es kann für Kinder eine tolle Sache sein, zum Beispiel im Urlaub oder bei Unternehmungen für eine abgesprochene Zeit die Regie zu übernehmen, und dann sind wieder die Erwachsenen an der Reihe. Kinder fühlen sich sehr ernst genommen, wenn sie entscheiden können: Wir gehen jetzt ins Kino oder in den Zoo, und die Erwachsenen müssen mit!

Vielleicht können sich die Streitparteien auch mit einer ganz anderen Variante anfreunden, wenn bei gegensätzlichen Positionen keine Übereinstimmung zustande kommt. Die Einigung läge dann in der so genannten dritten Lösung. Denkbar ist außerdem der Weg des gemeinsamen Verzichts, wenn sich unterschiedliche Vorstellungen nicht zur Deckung bringen lassen. Oder Eltern und Kinder können sich darauf verständigen, mehrere Lösungen nacheinander auf ihre Tauglichkeit zu testen, um herauszufinden, welche die beste ist.

Nicht immer stehen sich hier Eltern und dort Kinder als Streitparteien gegenüber. Streit gibt es häufig auch, wenn der eine Elternteil etwas erlaubt, was der andere verboten hat.

Alle Kinder sind versucht, die Eltern gegeneinander auszuspielen. Es ist deshalb wichtig, dass Eltern gemeinsam entscheiden und dem Kind klarmachen, dass es nicht eine Erlaubnis beim einen holt, wenn der andere schon nein gesagt hat. Der eine Elternteil sollte dann auch mittragen, was der andere entschieden hat. Falls das nicht geht, müssen die Eltern die Meinungsverschiedenheiten unter sich alleine klären. Anschließend kann es ja durchaus heißen: Gut, wir haben darüber gesprochen und sind zu dem Ergebnis gekommen, dass du doch das tun kannst, was du gern wolltest. Das wäre auch wieder ein Ergebnis konstruktiven Auseinandersetzens mit einem positiven Lerneffekt: Wir haben abgewogen und entschieden.

Oft entstehen solche Situationen nur aufgrund mangelnder Absprache zwischen den Eltern, die verbessert werden müsste. Wenn Vater und Mutter sich allerdings sehr häufig nicht einig sind und es deshalb immer wieder zu Konflikten kommt, kann es ratsam sein nachzuschauen, ob dahinter ein Beziehungsproblem der Eltern steckt, das sich im Streit um die Kindererziehung verdeckt äußert.

Möglich ist auch, dass beide sehr unterschiedliche Erziehungsstile in ihrem Elternhaus erlebt haben und deshalb nicht auf einen Nenner kommen. So etwas vor den Kindern auszutragen, ist natürlich sehr problematisch.

Sollen sich Eltern überhaupt in Gegenwart von Kindern streiten?
Streit gehört zum Leben dazu, und solange es sich um faire Auseinandersetzungen handelt, gibt es hier eigentlich keine Bedenken. Wirklich tief gehende Partnerschaftsauseinandersetzungen, bei denen womöglich auch die gemeinsame Basis betroffen ist, sind jedoch nicht vor Kindern auszutragen. Bei einem Dauerkonflikt spüren sie aber die belastete Atmosphäre, und Eltern sollten die Situation, auch im eigenen Interesse, so schnell wie möglich klären.

Kinder werden stattdessen jedoch manchmal in den Konflikt mit einbezogen, etwa als Bündnispartner eines Elternteils.
Dies ist natürlich eine unfaire Streitstrategie allerersten Ranges. Es ist unfair gegenüber dem Partner und vor allen Dingen gegenüber den Kindern, denn man bringt sie dadurch in eine innere Zerreißprobe, die unendlich groß ist und deren Folgen sich lebenslang auswirken können, weil jedes Kind von Natur aus loyal zu beiden Eltern sein will.

Kinder wiederum versuchen häufig, die Eltern auf ihre Seite zu ziehen, wenn es Streit unter Geschwistern gibt. Eltern sind oft unsicher, wann und auf welche Weise sie in einen Streit unter Kindern eingreifen sollen.
Dass Kinder sich streiten, ist normal, und in der Regel können sie einen Streit allein austragen. Über die Frage, wer den Streit vom Zaun gebrochen hat, muss sich dabei niemand den Kopf zerbrechen, denn wer immer auch angefangen hat – der andere hat den Streit fortgesetzt und ist damit ebenso verantwortlich.
Die Grenze ist dort erreicht, wo ein Kind zu Schaden kommen könnte. Dann sollten Eltern die Kinder zum Beispiel räumlich trennen und, wenn sie sich beruhigt haben, die Angelegenheit besprechen. Beim Streit um Gegenstände könnte ein Anreiz zu einer konstruk-

tiven Lösung darin liegen, dass Eltern die umkämpfte Sache bis zu einer Einigung einbehalten. Damit wird den Kindern deutlich: Ohne Einigung sind wir beide Verlierer.

Wenn der Streit zwischen Geschwistern zum Dauerzustand wird, helfen vielleicht Beschäftigungen, die Teamgeist erfordern, über die Rivalität hinweg. Dies können Spiele sein, bei denen ein Ziel nur gemeinsam erreicht wird. Oder die Geschwister planen zusammen, was am Wochenende unternommen werden soll. Erzwingen lässt sich eine Änderung nicht.

Eltern fühlen sich aber auch zum Eingreifen genötigt, wenn in der Familie gilt: Streit darf es bei uns nicht geben, denn es muss immer alles harmonisch sein und wir halten alle zusammen. Dies hat für die psychische Entwicklung fatale Folgen, wie ich eingangs schon gesagt habe.

Zeit für Kinder, Zeit für Eltern

Familienalltag – ein unentwirrbares Knäuel von Pflichten, Terminen, unvorhersehbaren kleinen und großen Katastrophen, Sorgen, Enttäuschungen, hohen Anforderungen an sich selbst und der Bilanz: Das alles frisst mich auf! Alltag mit Kindern, das heißt aber auch: Eigenschaften, Fähigkeiten und Kräfte zu entdecken, die man bei sich selbst nie vermutet oder längst vergessen hatte. Mit Kindern lassen sich elementare Freuden auskosten wie unbeschwerte Albernheit, Sinnlichkeit und Körpergefühl beim Toben und Schmusen. Mit ihnen können wir unserem durchrationalisierten Leben entfliehen und dürfen selbst wieder Kind sein. Söhne und Töchter können es fertig bringen, dass Mütter sich Rollerskates anschaffen und Väter Lust bekommen, im Keller Seifenkisten zu bauen. Plötzlich sitzen respektable Bürokauffrauen oder Elektrotechniker wieder auf einer Schaukel, ziehen einen Schlitten durch den Schnee oder gehen mit einer Laterne durch abendliche Straßen.

Es geht nicht nur um unsere Lebensfreude, wenn wir solche Momente suchen, ergreifen und festhalten, sondern auch um das Gedeihen unserer Familienbeziehungen. Eltern müssen sich und ihren Kindern Orte bewahren, an denen Beziehungen Licht und Luft zum Wachsen bleibt. Sie müssen Breschen in den Dschungel der vielen Sachzwänge und Anforderungen schlagen, damit Hetze und Überforderung des Alltags nicht überhand nehmen, die Eltern auch über den Rand der Selbstbeherrschung hinausführen.

Eine wichtige Funktion erfüllt dabei die Familienkommunikation. Eltern wie Kinder sind heute gezwungen, zwischen vielen verschiedenen Lebensbereichen zu wechseln. Darin liegt nicht nur eine Belastung für jeden Einzelnen, auch gemeinsame Erfahrungen werden dadurch erheblich eingeschränkt. Der Verlust der gemeinsamen Praxis erschwert das Wissen umeinander und das Verständnis füreinander. Dieses Manko ließe sich wettmachen, indem Eltern und Kinder miteinander reden und so erfahren, was die anderen im Innersten bewegt. Doch die Gelegenheiten dafür scheinen dünn gesät. Zeit für Gespräche, die sich in Muße entwickeln können und bei der Gestaltung des Miteinanders wesentliche Bedeutung haben, bleibt angesichts des randvollen Eltern-Terminkalenders oft Mangelware. Nach einem anstrengenden Tagesprogramm möchten viele Erwachsene am liebsten den Mund geschlossen halten und nur noch den Fernseher sprechen lassen.

Gut gemeinte Gesprächsangebote werden aber auch von Kindern ausgeschlagen. Mütter berichten häufig, dass ihre Fragen »Wie war's in der Schule?« oder »Wie war der Nachmittag bei Klaus?« nur einsilbig beantwortet werden: Gut, prima, Ende der Durchsage. Überrascht, ja bestürzt müssen sie manchmal aus anderer Quelle erfahren, was ihr Kind Schönes oder Schlimmes erlebt hat – von ihm selbst kam kein einziges Wort. Fragen tauchen dann auf: Kenne ich mein Kind überhaupt? Weiß ich, was es bewegt, umtreibt, berührt? Warum hat es nichts gesagt?

Kinder entsprechen in den wenigsten Fällen den – oft sehr einseitigen – Kommunikationsvorstellungen von Eltern. Sie können nicht auf Knopfdruck Erlebnisberichte herunterspulen. Stereotype Befragungen zwischen Nachtisch und Abwasch machen sie nicht redselig – vor allem wenn sie die Erfahrung gelehrt hat, dass das erwachsene Gegenüber zwar Neues hören, aber selbst wenig zum Gespräch beisteuern will. Der Elternberater und Autor Jan Uwe Rogge befragte mehrere hundert Familien zu diesem Thema und ermittelte, dass es nur in rund einem Drittel der Haushalte täglich eine Zeit kommunikativer Gemeinsamkeit gab. Etwa drei Viertel der befragten Kinder meinten, die Eltern-Kind-Gespräche seien zu ergebnisorientiert, es müsse häufig »etwas dabei herauskommen«. »Kommunikationsanlässe als Orte des Berichtens, des Nacherlebens, des Mitfühlens, des Geschichtenerzählens finden selten statt«, so Rogge. »Knapp vier Fünftel der Kinder empfanden elterliches Reden häufig als Abfragen und Kreuzverhör, in dem Besserwisserei vor einem gemeinsamen Dialog rangiert.«[74]

Was Kinder wirklich beglückt und bedrückt, was sie sich wünschen und was sie fürchten, was sie an Erlebnissen nachhaltig beschäftigt, versteckt sich sehr oft in hingeworfenen Nebenbemerkungen, kleinen Stoßzeufzern, lapidaren Feststellungen oder absurden Phantasiegeschichten. Eltern fehlt es vielfach an der besonderen Art Radar für die Mitteilungen »zwischen den Zeilen«, mit denen Kinder Gesprächsbedürfnisse signalisieren und auf Themen aufmerksam machen, die ihnen am Herzen liegen. Kinder, so wortkarg sie »auf Anfrage« auch oft erscheinen mögen, gehen nicht geizig mit echten Gesprächsangeboten um, im Gegenteil: Es sind die Erwachsenen, die in viel größerem Maße den Faden nicht aufnehmen können oder wollen – weil der Zeitpunkt nicht passt oder ihnen etwas ganz anderes im Kopf herumgeht.

Kommunikation braucht eine Atmosphäre, in der sich Gedanken sammeln und entfalten, in der die Gesprächspartner aufeinander eingehen und sich selbst öffnen können. Der tägliche Weg zum Kindergarten oder zur Grundschule, nach dem Abendessen oder der Gute-Nacht-Geschichte den Tag noch einmal in Ruhe Revue passieren lassen – Routinen und Rituale wie diese eröffnen Gesprächsgelegenheiten und Austausch, wenn Eltern dafür bewusst Zeit bereithalten, die Gute-Nacht-Geschichte nicht dem Kassettenrekorder überlassen, das Zufußgehen wieder entdecken.

Routinen und Familienrituale geben darüber hinaus dem Alltag Struktur. Sie sind Organisationshilfen im Tagesablauf, die Gewohnheiten ausbilden und Verlässlichkeit bedeuten. Vor allem für Kinder von zwei bis fünf Jahren ist die vertraute, wiederkehrende Gestaltung des Alltags wichtig. In diesem Alter geben solche festgelegten Handlungsweisen Halt und Sicherheit, um sich selbständig zu entwickeln. Sie haben großen Einfluss auf das soziale Verhalten, denn Kinder lernen in dieser Phase durch Nachahmung.

Familienrituale bieten aber vor allem Gelegenheit für Gemeinschaftserlebnisse, die den Familienmitgliedern das Gefühl von Nähe und Zusammengehörigkeit vermitteln. Das geruhsame Sonntagsfrühstück, der Spielenachmittag an verregneten Wochenenden, Videoabende, bei denen die Urlaubsereignisse der letzten Jahre noch einmal lebendig werden, Spaghetti satt einmal im Monat, wenn Papa sein Kochtalent beweist, oder der gemeinsame Bummel über den Wochenmarkt sind Anlässe, bei denen sich die Familie immer wieder als Ganzes erfahren kann. Wenn der Zusammenhalt aufgelöst ist, weil jeder seine eigenen Wege geht, fehlt den Mitgliedern bald eine wichtige Stütze, auch als Individuum im Leben zu bestehen. Gemeinsames Erleben, an dem alle Beteiligten freiwillig und mit Freude dabei sind, schafft Bindung, mit der sich auch Belastungs- und Krisenzeiten besser überstehen lassen.

Familien brauchen neben Nähe aber auch Distanz, die ihren einzelnen Mitgliedern Raum gibt für Individualität: Zeitspannen, um eigenen Hobbys nachzugehen, persönliche Freundschaften zu pflegen oder einfach mit sich allein zu sein, die Zeit zu vertrödeln, Gedanken nachzuhängen, zu sich zu kommen. Gerade diese Phasen unverplanter, frei verfügbarer Zeit sind von großer Bedeutung für das seelische Gleichgewicht – für Kinder ebenso wie für Erwachsene. Sich eigene Zeit zu nehmen – und sie womöglich noch »ungenutzt« in Selbstbesinnung verrinnen zu lassen –, erscheint vielen Eltern aber als ein schier unmögliches Unterfangen, wo doch stets noch so viele Dinge unerledigt sind.

Diese Haltung können Erwachsene häufig selbst am Wochenende nicht aufgeben. Eltern gehen diese beiden Tage oft mit der Devise an: Jetzt muss nachgeholt werden, was wir während der Woche versäumt haben! Nicht zuletzt, um Schuldgefühle gegenüber den Kindern zu beschwichtigen, wird die Freizeit mit Familienunternehmungen überfrachtet, individuelle Wünsche und Bedürfnisse kommen dabei zu kurz. Aus »Überdruß über die (zwanghafte) familiäre Dichte« beenden Eltern deshalb das Wochenende häufig mit einer »Sonntagabend-Krise«. »Die Aggressionen konzentrieren sich dabei verstärkt auf die Kinder, die als Blitzableiter für den Gefühlsstau herhalten müssen«, heißt es in einer Studie des B.A.T. Freizeit-Forschungsinstituts.[75]

Eltern sollten Wert darauf legen, sich selbst und auch ihrer Partnerschaft Freiräume zu schaffen und zu bewahren, die Ausgleich und Gelassenheit bringen. Eltern haben ein Recht auf ein Stück Eigenleben, das nur ihnen gehört, und auf einen Bereich ungestörter

Zweisamkeit. Deshalb darf auch das elterliche Dienstleistungsprogramm für die Kinder irgendwann ein klares und deutlich formuliertes Ende haben.

 Anna (33) ist verheiratet und hat eine vierjährige Tochter sowie einen siebenjährigen Sohn

Ich habe mir immer einen flexiblen, spontanen Mann gewünscht, der Lust zum Leben hat und vielleicht mit mir ins Ausland geht. Zwei Kinder wollte ich, einen Jungen und ein Mädchen, so die typische Durchschnittsfamilie. Am Anfang viel Zeit für die Kinder haben und später Arbeiten und Kindererziehung mit meinem Mann teilen – das war so mein Traum. Dann kam alles ganz anders. Als ich Joachim kennen lernte, steckte er mitten in der Behandlung einer schweren Krebserkrankung. Er bekommt regelmäßig Hormonspritzen, und diese künstlichen Hormone verursachen immer wieder tiefe Depressionen. Wenn er von der Arbeit nach Hause kam, war er oft nicht ansprechbar, weder für mich noch für die Kinder, und hat viel geweint über die ganzen Jahre, die wir uns kennen. Ich habe lange gedacht, das kriegst du schon in den Griff, bist ja 'ne Pädagogin, die können mit vielem leben und über vieles hinwegsehen.

Aber mit der Zeit war er dann wie ein drittes Kind und alles andere als der helfende Partner, den ich mir vorgestellt hatte. Ich musste immer die Starke sein und alles managen, meinen Job, die Kinder, den Umbau des alten Hauses, das wir gekauft hatten. Und dazu noch meinen Mann wieder seelisch aufrichten. Wenn es ihm schlecht ging, bekam ich oft Wut und Aggressionen. Verdammte Kiste, warum hast du so 'nen Mann? Du hättest dir gar keine Kinder angeschafft, wenn du gewusst hättest, wie das im Endeffekt läuft. Warum lässt er sich schon wieder so hängen und reißt sich nicht zusammen? Man ist total wütend, obwohl man genau weiß, wenn jemand Depressionen hat, kann er sich nicht zusammenreißen, und an diesem Häufchen Elend, das da in sich versunken am Tisch sitzt und gleich anfängt zu weinen, darf man seine Aggressionen nicht abreagieren. Dann sind eben die Kinder dran, die sind ja selbstbewusst, die können das verkraften, da hau ich jetzt voll in die Kerbe. Ich habe oft völlig genervt reagiert, wenn ein Kind nur eine Frage gestellt hat, hab sie angeblafft und angeschrien, obwohl sie sowieso nicht mit der Situation ihres Vaters fertig wurden und sich das alles nicht erklären konnten. Man explodiert dann einfach, man ist fertig, total aufgeschmissen, schreit nur noch herum und will alles von sich stoßen, die Kinder sollen in ihr Zimmer, damit nicht noch mehr passiert.

Ich habe meinen Mann nach und nach immer mehr aus unserem Leben ausgeklammert. Ich habe auch nicht mein Recht eingefordert, mal etwas für mich alleine zu machen: So, heute bringst du die Kinder ins Bett, und ich gehe zu 'ner Freundin. Ich habe einfach alles übernommen, was zu tun war. Das hat mich auch stolz gemacht. Stolz, weil ich alles so gut im Griff hatte mit zwei Kindern und kochen und einkaufen und arbeiten gehen und die Kinder noch zum Turnverein fahren. Ich konnte mir abends auf die Schulter klopfen: Mensch, Anna, was bist du für 'ne tolle Frau. Mein Mann, der hätte auch gehen können, den hatte ich innerlich schon zur Seite gelegt und an Scheidung gedacht. Lieber gar keinen Mann als so einen, ich komme auch gut mit meinen Kindern allein klar.

Joachim hat sich immer wertloser und überflüssiger gefühlt. Er hat mir später gesagt, dass er irgendwann überhaupt keine Lust mehr hatte, nach Hause zu kommen, denn da war eine Familie, mit der er gar nichts mehr zu tun hatte. Die Frau hat sowieso alles allein gemacht, und die Kinder wollten mittlerweile auch nichts mehr vom Papa haben, weil sie es einfach nicht mehr gewohnt waren und von vorne bis hinten von Mama versorgt wurden.

Der Anstoß zur Änderung kam dadurch, dass mein Mann eine andere Frau kennen lernte, die gerade eine Ehe hinter sich hatte und jemanden zum Reden brauchte. Das war das gefundene

Fressen für ihn: eine, die auf ihn einging, ihm zuhörte, seine Meinung schätzte und ihm nicht bloß erzählte, wie toll sie den Tag geschmissen hat. Mit dieser Frau ist er oft ein Bier trinken gegangen. Da war mein Interesse für ihn schlagartig wieder da, und ich habe viel darüber nachgedacht, was bei uns in den letzten Jahren gelaufen ist. Jetzt war ich es plötzlich, die mit Joachim in der Kneipe saß und Bier trank und redete. Oder abends im Bett – keiner von uns konnte schlafen, und bis morgens um vier gingen die Gespräche, so wie wir es in den Jahren gemacht haben, als wir noch keine Kinder hatten.

Bei diesen Gesprächen haben wir dann festgestellt: Vieles muss sich ändern, alles muss seine Zeit haben – der eigene Freundeskreis, die eigene Freizeit, unsere Partnerschaft, die Familie. Am Anfang, wenn man völlig verknallt ist, lässt man alles links liegen, dann sind die Freunde nicht so wichtig. Wenn die Kinder da sind, gibt man sich selber immer mehr auf. Die eigene Persönlichkeit und die Partnerschaft stellt man in den Hintergrund, und irgendwann entsteht diese Unzufriedenheit: Ja, was haben wir eigentlich noch voneinander? So weit wollten wir es nicht noch einmal kommen lassen. Wir haben dann die Woche aufgeteilt. Jeder von uns hat jetzt Abende für sein eigenes Programm, und einmal in der Woche organisieren wir einen Babysitter und unternehmen gemeinsam etwas. Sonntags ist nur Familientag, da wird das gemacht, was wir uns mit den Kindern zusammen überlegen, jeder macht einen Vorschlag, wozu er Lust hat. Und mit solchen Regeln kommt unsere Familie wirklich gut klar.

Bewusst Zeit für sich selbst und für die Familie zu nehmen, das sind so Brunnen, aus denen du schöpfen kannst. Um weiterzumachen, um weiter Mutter zu sein, Hausfrau zu sein, weiter berufstätig zu sein oder was auch immer. Du musst etwas haben, wo du auftanken kannst, und das kannst du nur, wenn du dir dafür auch Zeit nimmst. Es gibt viele Leute, die sagen, Zeit haben wir eben nicht. Aber ich denke, alles ist machbar, wenn man nur will. Alles braucht seine Zeit, dieser Satz ist mir wichtig geworden für das Leben mit meinem Mann und meinen Kindern und auch für einen Bereich, der nur mir allein gehört.

Dass ich unsere Probleme mit Joachim offen klären konnte, hat sich auf unser Familienleben in vielen Bereichen ausgewirkt. Nachdem ich für meinen Mann gesprächsbereit war, da war ich auch ganz anders gesprächsbereit für meine Kinder. Das war so ein Aha-Erlebnis. Auf einmal haben wir eine ganz andere Basis gehabt, einen ganz anderen Umgang miteinander. Vorher war jeder so vergrätzt und unglücklich mit sich selbst, jeder hat einfach ohne nachzudenken seine Emotionen rausgelassen. Mein Sohn Markus hat früher oft wild geträumt und manchmal ganz schlimme Nächte gehabt. Er hat geschrien und geweint und ins Bett gemacht, wenn etwas passiert war, das er als schlimm empfand und nicht verarbeiten konnte. Weil es Streit gegeben hatte und ich wieder mal aggressiv war, und sicher auch wegen unserer Gesamtsituation, die er nicht verstand. Dann hat er gedacht: Mama hat mich verstoßen, die hat mich nicht mehr lieb oder zieht meine Schwester vor. Irgendwann war der Punkt erreicht, dass ich das Kind nicht mehr einfach so ins Bett gehen lassen konnte. Ich habe mir gesagt, es kann nicht normal sein, wenn es so wild träumt und schreit, und was bist du überhaupt für eine Mutter, dass du das zulassen kannst. Ich habe mich an sein Bett gesetzt, um mit ihm zu reden, und gesehen, wie positiv das war. Seitdem »quatschen« wir abends, wie Markus es nennt, und arbeiten zusammen den Tag auf. Wenn Markus und ich erzählen, was uns heute, gestern oder letzte Woche passiert ist, fällt es mir auch viel leichter zu sagen: Hör mal, es tut mir Leid, das war nicht in Ordnung von mir, ich hatte einen schlechten Tag. Dann ist Markus viel zugänglicher, und wir können oft auch Dinge besprechen, die ihm auf der Seele liegen und an die ich sonst gar nicht heronkäme. Das Kind hat das Gefühl, Mami liebt mich, egal was gewesen ist. Ich hab das Gefühl, wir haben über alles gesprochen, und Markus hat auch meine Sicht der Dinge kapiert, und alle können zufrieden schlafen.
Dabei kommt uns zugute, dass wir seit zwei Jahren kaum noch fernsehen. Wir haben uns gesagt, das Fernsehprogramm soll uns nicht mehr den Tagesablauf diktieren, andere Sachen in un-

serem Leben haben jetzt Vorrang. Früher sah das bei mir immer so aus: Um viertel nach acht müssen die Kinder im Bett sein, dann gibt es einen tollen Film. Ich weiß, dass es vielen Frauen und Männern genauso geht. Aber die Kinder ins Bett zu bringen und sich dabei Zeit zu lassen, ist mir inzwischen viel wichtiger. Sich nicht unter Zeitdruck zu setzen für irgendeinen Schrott in der Glotze, sondern sich auf die Kinder einzulassen. Und wenn das Kind noch zehn Minuten länger etwas zu erzählen hat, braucht es das auch.

Geändert hat sich auch die Art, wie wir im Streit miteinander umgehen. Wenn man so voller Aggressionen ist, kann man nicht mehr objektiv reden, sondern man schreit den anderen nur noch an. Ich war es leid, immer herumzuschreien, bis ich heiser war, und die Kinder dann auf ihr Zimmer zu schicken: Ich will dich hier nicht mehr sehen! Ich habe gemerkt, dass man den Konflikt mit Kindern nicht löst, wenn man sie aus dem Zimmer schmeißt. Das Kind setzt sich dann vielleicht auf die Treppe oder geht in sein Zimmer und denkt: »Du blöde Kuh«, und man selbst hat ein Grummeln im Bauch, aber nichts ist geklärt. Das kann sich eben auch enorm aufstauen und für Kinder schlimme Folgen haben. Sie müssen ja auch lernen, Konflikte mit demjenigen zu lösen, mit dem sie sich streiten. Man muss schon den Schritt tun, mit dem Kind Auge in Auge zu sprechen.

Wenn ich sehr wütend bin, gelingt mir das oft besser, nachdem etwas Zeit verstrichen ist und ich mich für eine Weile mit etwas anderem beschäftigt habe. Dann kann ich viel ruhiger auf den anderen zugehen und nachfragen: Was war eigentlich mit dir los? Erzähl mal! Aber manchmal ist es auch sehr erholsam, wenn man schreit. Wenn das Kind schreien darf und wenn ich schreien darf. Es gibt Situationen, in denen wir beide uns fürchterlich anschreien. Markus ist ja auch so ein Schreihals, und ich weiß, das hat er von mir. Danach habe ich gesagt, so, jetzt ist es gut. Und Markus hat auch gesagt, ja, jetzt ist es gut. Da hat jeder sich ausgebrüllt. Man muss auch mal seine Aggressionen rauslassen dürfen, auch als Kind.

Anmerkungen

1 Daniel Goleman: *Emotionale Intelligenz*, München 1996, S. 21
2 Ebd., S. 84
3 Ebd., S. 86
4 Ebd., S. 286
5 Ebd., S. 251
6 Ebd., S. 83
7 Sheila Kitzinger: *Frauen als Mütter*, München 1984, S. 51
8 Elisabeth Beck-Gernsheim: *Mutterwerden – Sprung in ein anderes Leben*, Frankfurt/M. 1989, S. 72
9 Ebd., S. 11
10 Regine Schneider u. Bettina Stülpnagel: *Will ich wirklich ein Kind? Entscheidungshilfen für nachdenkliche Paare*, Freiburg 1995, S. 92
11 Renate Barth: *»Schreibabys«*, Behörde für Arbeit, Gesundheit und Soziales, Hamburg 1995, S. 2
12 Horst Petri: *Erziehungsgewalt*, Frankfurt/M. 1989, S. 35
13 Renate Barth: *»Schreibabys«*, S. 20
14 Elisabeth Beck-Gernsheim: *Mutterwerden*, S. 68
15 Thomas Kieselbach u.a.: *Die Kinder von Arbeitslosen – »Opfer durch Nähe«*, Hintergrundpapier zum Forum »Gestohlene Kindheit – Verborgene Folgelasten der Langzeitarbeitslosigkeit« in Bonn am 16.11.1989, S. 8
16 Bundesministerium für Familie, Senioren, Frauen und Jugend (Hrsg.): *5. Familienbericht*, Bonn 1995, S. 77
17 Andrea Ernst u. Sabine Stampfel: *Kinderreport*, Köln 1991, S. 17
18 *5. Familienbericht*, S. 74 f.
19 Ebd., S. 136
20 Wolfgang Sachs: »Geschwindigkeit und Lebenschancen. Über die Schwierigkeit, in einer automobilisierten Gesellschaft aufzuwachsen«, in: *Vorgänge*, H. 5/1981, S. 84
21 *5. Familienbericht*, . 78
22 Vgl. *Eltern*, H. 6/1985 u. *Für Sie*, H. 7/1996
23 Yvonne Schütze: »Die isolierte Kleinfamilie«, in: *Vorgänge*, H. 5/1981, S. 76
24 *5. Familienbericht*, S. 56, 159 u. 163
25 Zitiert in: *Brigitte*, H. 6/1991, S. 126
26 Horst Petri: *Erziehungsgewalt*, S. 58 (auch im Folgenden)
27 Deutsches Jugendinstitut: *Familiensurvey*, Band 6, Opladen 1996, S. 214
28 *5. Familienbericht*, S. 71
29 Elisabeth Beck-Gernsheim: *Mutterwerden*, S. 43
30 Ebd., S. 42

31 Hans Behrendt u.a.: *Wenn Eltern zuschlagen ... Gesellschaftliche Voraussetzungen und Bedingungen der Kinderschutzarbeit*, Hannover 1985, S. 8

32 Annette Böhm u. Ekkehard von Braunmühl: *Liebe ohne Hiebe. Der Weg zu harmonischen Familienbeziehungen*, Düsseldorf 1993, S. 172

33 Harald Seehausen: *Technisch-sozialer Wandel und psychisch-soziales Elend am Beispiel von Elternhaus und Kindergarten*, Frankfurt/M. 1986, S. 168

34 Dieses Fallbeispiel von Claudia Clasen-Holzberg findet sich in: Regine Schneider: *Oh, Baby ... Das hatte ich mir ganz anders vorgestellt*, München 1991, S. 248

35 Zitiert aus Ekkehard von Braunmühl: *Antipädagogik. Studien zur Abschaffung der Erziehung*, Weinheim und Basel 1975, S. 124

36 Horst Petri: *Erziehungsgewalt*, S. 53 (auch im Folgenden)

37 Regine Schneider: *Oh, Baby ...*, S. 247

38 Horst Petri: *Erziehungsgewalt*, S. 115–123 (auch im Folgenden)

39 Harriet G. Lerner: *Wohin mit meiner Wut? Neue Beziehungsmuster für Frauen*, Frankfurt/M. 1990, S. 169

40 Gerhard Amendt: *Das Leben unerwünschter Kinder*, Frankfurt/M. 1992, S. 17

41 Ekkehard von Braunmühl: *Zeit für Kinder. Theorie und Praxis von Kinderfeindlichkeit, Kinderfreundlichkeit, Kinderschutz*, Frankfurt/M. 1978, S. 65

42 Harriet G. Lerner: *Wohin mit meiner Wut?* S. 175

43 Ebd., S. 150

44 Gerhard Amendt: *Das Leben unerwünschter Kinder*, S. 45 und 142

45 Ebd., S. 108, 116, 142 und 144

46 Vera Maria Langner: *Die etwas andere Familie. Über das Zusammenleben von Stiefeltern und Stiefkindern. Ein Plädoyer*, München 1995, S. 45

47 Ebd., S. 150

48 Ebd., S. 88

49 Gabriela Martens: *Auch Eltern waren Kinder. Ursachen und Lösungen von Konflikten in der Familie*, München 1993, S. 134

50 Ebd., S. 75

51 In: Regine Schneider: *Oh,Baby ...*, S. 248

52 Harriet G. Lerner: *Wohin mit meiner Wut?* S. 139

53 Margot Jörgensen u. Peter Schreiner: *Kampfbeziehungen. Wenn Kinder gegen Erwachsene kämpfen: Erklärungen und Lösungen*, Reinbek 1989, S. 41

54 Ebd., S. 43

55 Ebd., S. 46

56 Ebd., S. 48

57 Wolfgang Scheibe: *Die Strafe als Problem der Erziehung*, Weinheim u. Berlin 1967, S. 176

58 Ebd., S. 40

59 Vgl. Bundesministerium der Justiz: *Zusammenfassende Darstellung des Gesetzes zur Reform des Kindschaftsrechts*, Bonn 1997

60 Johannes Bastian (Hrsg.): *Strafe muß sein? Das Strafproblem zwischen Tabu und Wirklichkeit*, Weinheim u. Basel 1995, S. 7

61 Thomas Jansen-Hochmuth u. Gerald Warnke:»Von der grenzenlosen Freiheit zur Freiheit in Grenzen«, in: Johannes Bastian (Hrsg.): *Strafe muß sein?* S. 107 u. 109

62 Kai D. Bussmann u. Wiebke Horn:»Elternstrafen – Lehrerstrafen«, in: Johannes Bastian (Hrsg.): *Strafe muß sein?* S. 29–41

63 In: *Brigitte*, H. 20/1990, S. 122

64 Penelope Leach:»Was ist falsch daran, Kinder zu schlagen?« In: *Materialien zum Kinderschutz*, Bd. 4, herausgegeben vom Deutschen Kinderschutzbund, Hannover 1992, S. 15

65 Reinhart Lempp:»Gewaltfreie Erziehung – Alternativen zur körperlichen Züchtigung«, in: *Materialien zum Kinderschutz*, S. 9

66 Rudolf Dreikurs u. Loren Grey: *Kinder lernen aus den Folgen. Wie man sich Schimpfen und Strafen sparen kann*, Freiburg 1991, S. 62

67 Daniel Goleman: *Emotionale Intelligenz*, S. 240 f.

68 Ebd., S. 137

69 Ebd., S. 246

70 Ebd., S. 133

71 Helm Stierlin:»Wieviel Familie braucht das Kind?« in: *Vorgänge*, H. 5.1981, S. 42

72 Heinrich Kupffer:»Das Kind als Prototyp des beurteilten Menscher«, in: *Vorgänge*, H. 5/1981, S. 59

73 Ekkehard von Braunmühl: *Zeit für Kinder*, S. 153

74 Jan Uwe Rogge: *Kinder brauchen Grenzen*, Reinbek 1993, S. 89

75 Horst W. Opaschowski u. Ursula Neubauer: *Freizeitverhalten*, herausgegeben vom B.A.T. Freizeit-Forschungsinstitut, Hamburg 1986, S. 35 f.

Lächle deinem Chaos zu!

143 S. Illustr. Kart.
ISBN 3-466-30431-8

Die Übungen und Meditationen können ohne großen Zeitaufwand in der Familie durchgeführt werden und helfen Müttern, zur Ruhe zu kommen und Kraft für den Alltag zu schöpfen.

Kösel-Verlag München · online: www.koesel.de